ENDEREÇO CERTO

FICHA CATALOGRÁFICA

(Preparada na Editora)

Simonetti, Richard, 1935-

S61e Endereço Certo / Richard Simonetti. Araras, SP, 13ª edição, IDE, 2015.

160 p.: il.

ISBN 978-85-7341-651-0

1. Contos. 2.Espiritismo I. Título.

CDD -869
-133.9

Índices para catálogo sistemático:

1. Contos: Literatura brasileira 869
2. Espiritismo 133.91

ENDEREÇO CERTO

RICHARD SIMONETTI

ide

ISBN 978-85-7341-651-0

13ª edição – abril/2015.

Conselho Editorial:
Hércio Marcos Cintra Arantes
Doralice Scanavini Volk
Wilson Frungilo Júnior

Revisão de texto:
Mariana Frungilo

Capa:
César França de Oliveira

Projeto gráfico e diagramação:
Capítulo Sete

INSTITUTO DE DIFUSÃO ESPÍRITA - IDE
Av. Otto Barreto, 1067 - Cx. Postal 110
CEP 13600-970 - Araras/SP - Brasil
Fone (19) 3543-2400
CNPJ 44.220.101/0001-43
Inscrição Estadual 182.010.405.118
www.ideeditora.com.br
editorial@ideeditora.com.br

SUMÁRIO

Intérpretes e Figurantes

A REALIDADE É, NÃO RARO, MAIS SURPREENDENTE DO QUE A FICÇÃO. NESTAS PÁGINAS, DESfilam personagens em situações e acontecimentos que mais parecem produto de fértil imaginação.

Não obstante, aconteceram. E certamente o leitor guarda, no escrínio de suas lembranças, experiências também marcantes. Todos temos algo a dizer, relacionado com o fantástico e o inusitado.

É que, embora vivendo num mundo de matéria densa, detidos em escafandro de carne, somos tutelados por poderes espirituais que nos conduzem, promovendo situações e acontecimentos que ensejam valioso aprendizado. A história que dá título a este livro, na qual uma criança desejada por vários casais foi encaminhada ao lar a que se destinava, é um exemplo perfeito.

Está tudo certo. Não existe o acaso. A dor é lição. Enfermidade é reajuste. Problemas são exercícios de discernimento. Dificuldades fortalecem a vontade. Emoções renovam-se, aprimorando o sentimento. Situações aflitivas convocam ao cultivo da fé.

Errados estamos nós, quando opomos nossa indébita vontade aos desígnios de Deus, buscando felicidade nos desvios da ilusão e do vício, distraídos em relação às finalidades da existência.

Nesse processo, deixamos a condição de meros figurantes no teatro da Vida, a ilustrar o drama das misérias humanas, e somos promovidos a intérpretes da Vontade Divina quando, compreendendo o que o Senhor espera de nós, dispomo-nos a disciplinar nossos impulsos e a distribuir bênçãos de ajuda e conforto, esperança e bom ânimo ao longo de nossos passos, no endereço certo da própria edificação.

Bauru, agosto de 1987.

1

O BONECO

Osório, sua esposa Selma e o filho Tiago almoçam, tranquilos, quando ouvem gritos. É Carmem, a filha mais nova, nos fundos da casa. Acodem rápido!

— Vejam que horrível! — mostra a jovem, assustada.

Num canto do quintal, perto da piscina, o objeto de tamanho alarido: um boneco de pano, muito estranho, com várias costuras no ventre e na boca, manchas de sangue no tecido surrado, espetado por várias agulhas...

— Não toquem! Cuidado! É um "despacho"! —adverte Felismina, a serviçal doméstica.

— Meu Deus! Quem será o malvado que nos quer prejudicar?! Não fazemos mal a ninguém! —reclama a dona da casa.

E dirigindo-se ao marido:

— Certamente é arte daquela sirigaita que trabalha em sua repartição! Ela não esconde que o considera um ótimo partido. Seria um viúvo disputado! Valha-me, Jesus amado! Sinto falta de ar!... É para mim essa encomenda das trevas!...

— Ora, querida — responde o esposo, conciliador —, não julgue assim a pobre Anita. Conheço-a bem. Seria incapaz de semelhante maldade! Suspeito antes do Costinha e sua mulher. São invejosos!... Provavelmente estão pretendendo "amarrar" nossa prosperidade! É preciso fazer algo rápido para neutralizar essa nefasta influência, porquanto também fui atingido... Ah! Minha enxaquecal... Parece que martelam meus miolos!...

— Coisa boa não é! — acrescenta, perturbado, Tiago — As agulhas parecem enterradas em meu próprio corpo. Dói tudo! 0 "despacho" é para mim! Quando me apaixonei pela Margarida e rompi o noivado com Júlia, ela jurou que eu pagaria pela desfeita. A família dela mexe com "saravá"!

— Você, que entende dessas coisas, o que nos diz, Felismina?

A serviçal responde, enfática:

— Não sei quem fez, mas é para prejudicar a família toda. Com a confusão que mora nesta casa, não tenho dúvida de que há males encomendados!...

O grupo assusta-se mais! O medo cresce fermentado pela dúvida! 0 desajuste encontra portas abertas! Todos tensos e angustiados! Selma está na iminência de um colapso nervoso!...

Batem à porta. É o vizinho que, levado ao quintal, vai dizendo:

— Bom dia! Desculpem importuná-los. Queria pedir licença para levar o boneco de meu filho. O irmão o jogou neste quintal. O garoto está em prantos. Seu sonho é ser médico-cirurgião. O fantoche é seu "paciente". Já o "operou" muitas vezes. Não tem mais onde costurar... Até sangue inventou, usando molho de tomate. E pratica acupuntura, espetando-o com agulhas...

O "despacho" é devolvido. O visitante retira-se. Olham-se todos, atônitos! Descontraem-se. O riso solto saúda abençoado alívio. Osório comenta, bem humorado:

— Felizmente o vizinho chegou a tempo! Se demorasse um pouco, poderíamos morrer de susto!...

* * *

Ignorância, crendice e superstição são grilhões terríveis que semeiam perturbação.

Tudo será diferente quando compreendermos que nenhum mal tem acesso ao nosso universo íntimo sem transitar pelas vias da aceitação.

Por isso, a melhor defesa exprime-se no empenho por compreendermos melhor a existência humana com os valores do estudo e da meditação, aprendendo sempre.

Era isso que Jesus ensinava ao proclamar: "Conhecereis a Verdade e a Verdade vos fará livres."

2

LUZ NAS SOMBRAS

MIRRADINHO E FEIO, COM OITO ANOS APARENTAVA SEIS... SOCIALMENTE, UM DESASTRE! Artur era um problema na escola especializada em excepcionais. Inquieto, violento... Tormento dos menores, permanente preocupação para professores e recreacionistas. Embutido em si mesmo, não se comunicava... Só agredia, habilidoso na arte de desferir pontapés.

Ana Rosa, inteligente orientadora pedagógica da instituição, procurou-o.

— Oi! Tudo bem?...

O menino fitou-a, impassível. A jovem tocou-o de leve, ensaiando carinho. Ele se colocou na defensiva, armando o pé para o golpe certeiro.

— Não gosto de você! — falou, ameaçador, como fazia sempre que alguém tentava contato.

— Pois eu gosto muito de você! — respondeu, sorridente.

Surpreso, Artur afastou-se a correr.

Ana Rosa estudou seu prontuário. Visitou sua casa. Consultou a vizinhança. Era filho de mãe solteira, que o abandonara recém-nascido. Quem cuidava dele era uma velha tia, alcoólatra, que, quando embriagada, divertia-se surrando-o. O garoto nunca conhecera ternura, solicitude, atenção...

Ana Rosa compadeceu-se. Dispôs-se a ajudá-lo. O primeiro passo era ganhar-lhe a confiança. Sobrepondo-se à sua insociabilidade, repetia sempre:

— Eu gosto de você!

Tornou-se refrão. Onde se encontravam, a saudação infalível:

— Oi, Artur!... Não se esqueça: Eu gosto de você!...

O gelo começou a se dissolver. Para surpresa geral, o menino permitiu uma aproximação. Brincavam juntos. Aos poucos, ela ganhou acesso ao seu mundo íntimo, repleto de temores e angústias, sombras que afastava, uma a uma, com a luz infalível:

— Eu gosto de você!

Artur começou a se modificar. Tornou-se comunicativo, aprendeu a sorrir... Ensarilhou as armas escondidas nos pés. Já era capaz de conviver com outras crianças, sem atritos.

E veio a surpresa feliz: revelou dotes promissores de inteligência e sensibilidade. Longe da excepcionalidade, era apenas um menino amedrontado que se escondia num mundo de fantasia resguardado pela agressividade.

Meses mais tarde, habilitou-se a ingressar numa escola para crianças de nível mental mais desenvolvido.

Abraçando-o, Ana Rosa despediu-se, dizendo-lhe ternamente:

Eu o verei sempre, Artur. E não se esqueça: Eu gosto de você!

Emocionado, aquele Espírito que despertara para a vida graças a alguém capaz de amar incondicionalmente, respondeu, voz entrecortada de lágrimas:

Eu também gosto muito, muito mesmo, de você!

* * *

Há algo de fundamental, sem o que, literalmente, nossa alma definha, qual planta sem alimento.

Chama-se Amor!

Particularmente na infância, quando o Espírito atravessa um período difícil de adaptação à nova existência, marcado por dúvidas e temores, o amor é fundamental.

Por isso, diante dos problemas que afetam a alma infantil, nenhum tratado de psicologia, por mais minucioso e erudito, terá a eficiência de quatro palavrinhas mágicas musicadas com ternura:

— Eu gosto de você!

3

SALVA PELO FILHO

Joseana estava gravemente enferma, problema nos rins. O mal vinha progredindo inexoravelmente. Os médicos davam-lhe poucos meses de vida.

Espírita convicta, participava ativamente do Centro Espírita que frequentava, dedicando-se particularmente aos trabalhos de evangelização infantil. Sua vocação eram as crianças. Adorava cuidar delas.

A doença impusera-lhe o afastamento da tarefa. Sentia-se deprimida, desanimada, quase aceitando o fato de que, em breve, partiria para o Além, não obstante seu empenho por viver. Afinal, tinha três filhos para criar e um abençoado compromisso de orientação à alma infantil.

Então, começaram os sonhos. Via-se em hospitais onde a submetiam a cuidadoso tratamento, com a utilização de aparelhagem desconhecida, que funcionava, aparentemente, em bases de magnetismo. Eram lembranças fragmentárias. Pouco registrava. Um detalhe, porém, fixou-se em sua memória: diziam-lhe que seria curada por seu filho Mauro.

Os resultados não demoraram. Joseana animou-se com aqueles sonhos. Efetivamente, começou a melhorar. A fraqueza diminuiu sensivelmente. Voltou o apetite, favorecendo nova disposição. Retomou a tarefa no Centro. Em alguns meses, recuperou-se totalmente.

Ficaram apenas as recordações de uma experiência difícil, certamente vinculada a débitos cármicos, e da curiosa revelação onírica: o filho fora o agente da recuperação.

Por quê? Como? Mauro não era nenhum médico ou taumaturgo. Apenas um filho muito querido de seis anos, assim como Júnior, da mesma idade, e Magali, de cinco. Os meninos não eram gêmeos. Na verdade não chegavam a ter a mesma idade. Havia uma diferença de três meses entre ambos, prodígio facilmente explicável: Mauro fora adotado. Criança abandonada, viera ter em seu lar quando Joseana estava no sexto mês de uma gestação complicada, marcada por dores e constantes ameaças de aborto. Não obstante, tomara-se de amores pelo bebê. O marido, homem generoso e sensível, também se emocionou com o enjeitadinho. Assim, em poucos meses, o lar fora enriquecido com dois garotões.

Desejando definir o que tinha o menino a ver com sua cura, Joseana aproveitou o ensejo de uma conversa com Juvêncio, mentor espiritual do grupo de trabalhos mediúnicos que frequentava, e perguntou-lhe a respeito do assunto. A entidade amiga ouviu-a atentamente e respondeu, carinhosa:

— Realmente, minha filha, foi graças ao menino que você encontrou a recuperação. Fazia parte de seu quadro de provações um retorno mais cedo à Espiritualidade, com a frustração de seus sonhos e ideais relacionados com a jornada terrestre. Ocorre que, ao acolhê-lo, embora enfrentando gravidez difícil, e lhe dedicando imenso carinho, nossa irmã "queimou" parte de seu carma, beneficiando-se com a dilação de algumas décadas no seu programa reencarnatório. Terá, portanto, a ventura de ver seus filhos criados e encaminhados na Vida, além de muito serviço pela frente, no abençoado ideal da evangelização infantil.

Ante a emoção da jovem senhora, que chorava discretamente, Juvêncio concluiu, sorrindo:

— Rejubile-se! Muita gente retorna ao Plano Espiritual antes do tempo, após comprometer irremediavelmente a vestimenta carnal com indisciplinas mentais e intemperanças físicas. Você é dessas raras criaturas cuja permanência na Terra situa-se por investimento promissor de Deus.

Então, Joseana compreendeu que, amparando uma criança, na verdade ajudara a si mesma.

As experiências cármicas não obedecem a cego determinismo, nem é o sofrimento o único recurso de resgate de nossas dívidas do pretérito.

Podemos melhorar consideravelmente nossas chances de felicidade no Mundo, amenizando os rigores da Lei de Causa e Efeito com o exercício do Bem, até mesmo em favor de uma existência mais longa e produtiva.

Isso não é novidade. Simão Pedro, interpretando o pensamento de Jesus, proclama, na sua primeira epístola à comunidade cristã, que o Amor cobre a multidão dos pecados.

4

A IMPORTÂNCIA DE CONSOLAR

Era um centro espírita de boa frequência, localizado em zona central, com trabalhos regulares e disciplinados de ajuda espiritual. Fluíam às suas reuniões grandes contingentes de sofredores.

Fluíam e refluíam, porquanto ocorria permanente rotatividade. A instituição semelhava-se a grande hospital do qual os pacientes se afastavam por duas razões básicas: estavam curados e não precisavam mais dele, ou não se curavam e resolviam procurar outros recursos.

Silvino, o presidente, e seus companheiros, acostumaramse a tal situação, debitando-a à imaturidade humana. Limitavam-se, por isso, a aproveitar a fugaz passagem dos "clientes" para lhes despejar abundante conceituação doutrinária, como médicos atarefados a receitar por atacado.

Compenetrados de que doenças e perturbações têm origem em problemas de comportamento, brandiam os princípios espíritas como juízes diligentes, a desnudar as fraquezas humanas, situando a necessidade imperiosa de renovação.

Não obstante a inconstância dos frequentadores, Silvino notou a ausência de Justina, senhora humilde que, honrosa exceção, fora assídua beneficiária das palestras e dos passes. Há anos sofria de terrível enxaqueca, amenizada, mas nunca debelada.

Mulher simples, de poucas letras, experimentava dificuldades para assimilar plenamente a orientação doutrinária que, no entendimento de Silvino, proporcionar-lhe-ia recursos para se livrar do assédio de provável obsessor que lhe sustentava o incômodo mal.

Justina logo caiu no esquecimento. Havia muito trabalho, muitos passes a aplicar, muita doutrinação a repetir. E, afinal, se os interessados não davam sinal de vida, problema deles...

Passados alguns meses, Silvino encontrou a ex-assistida:

— Olá, Dona Justina!... Sumiu do Centro!... O que houve? Perdeu a fé?...

— Ao contrário, "seo" Silvino. Finalmente a encontrei!

— Como assim?...

— Estou frequentando uma igreja pentecostal, no bairro onde resido. Foi ali que me curei. Desde o primeiro contato com o pastor, quando lhe expus meu problema, ele se condoeu. Visitava-me em companhia de outros membros da igreja. Todos oravam em meu benefício. Animavam-me, pedindo que confiasse no Céu, repetindo sempre: "Jesus vai me curar! Com Jesus vencerei meu mal!..."

A sorridente senhora enxugou lágrimas discretas e, emocionada, concluiu:

— Foi o que aconteceu. Graças às orações daqueles companheiros e ao cultivo da fé, Jesus curou-me. Por isso estou agora naquela igreja. Sou muito grata aos irmãos em Cristo. Ali encontrei meu caminho.

Silvino despediu-se, pensativo, a considerar que se fazia imperioso rever seus métodos de trabalho.

* * *

A Doutrina codificada por Allan Kardec é o Espírito de Verdade prometido por Jesus, a oferecer-nos, em amplo descortínio, o conhecimento das Leis Divinas que regem nossa evolução.

Compete aos espíritas a grandiosa tarefa de difundir seus princípios, despertando consciências.

Não podemos esquecer, entretanto, que o Espiritismo é, também, o Consolador da expressão evangélica que, em boa hermenêutica, significa "aliviar o sofrimento", "animar", "suavizar", "confortar", "amparar"...

Por isso, tão importante quanto a conceituação doutrinária, no contato com os necessitados de todos os matizes, é a nossa demonstração de carinho, atenção e solicitude, no empenho por compreender e amenizar suas angústias.

Mesmo os esclarecimentos mais oportunos podem soar como lógica fria, vazia de consolo para criaturas atormentadas e infelizes, se não se fazem acompanhar de indispensável calor humano, conforme os princípios de solidariedade exaltados pelo Codificador.

5

O ANEL

— BOA TARDE, MEU NOME É GLÓRIA. GOSTARIA DE PEDIR UM RESPONSO.

— Perdão... não entendi.

— Responso. Para encontrar um anel desaparecido. É muito valioso, cravejado de brilhantes. E há o valor estimativo. Pertencia à minha mãe...

Alexandre sentiu vontade de rir. Incríveis as motivações que traziam as pessoas ao Centro. Pensou em lhe explicar que rezas para localizar objetos perdidos não dizem respeito ao Espiritismo, cujos princípios relacionam-se com assuntos mais sérios. No entanto, conteve-se, percebendo a aflição da mulher, prestes a se debulhar em lágrimas.

— Bem, dona Glória... — respondeu reticente, buscando inspiração. — Talvez seja possível fazer algo em seu benefício, mas demorará algum tempo. Precisaremos de sua colaboração.

— Sim, estou pronta. O que devo fazer?

— Em princípio, comparecerá às nossas reuniões públicas semanais. Ao chegar, ore com fervor. Peça amparo a Jesus. Depois, preste atenção ao que dizem os expositores. Assim, criará o campo propício para a intuição que a levará ao anel.

— O senhor acha que dará certo?

— Não posso garantir, mas tenho visto a ocorrência de prodígios bem mais difíceis.

— Se é assim, vou tentar...

Animada pela perspectiva de encontrar a preciosa joia, a consulente tornou-se assídua frequentadora do Centro, seguindo fielmente a orientação recebida: orava, conservava-se atenta e esperava.

— Então, dona Glória, encontrou o anel? — perguntava-lhe periodicamente Alexandre.

— Ainda não, mas estou confiante.

— Muito bem! A fé remove montanhas. Persevere!

Procurado por muita gente, nem sempre Alexandre tinha condições para se aproximar dela. Mas não deixava de perguntar, mesmo de longe, a sorrir:

— Achou?

E ela, mão estendida, polegar para baixo:

— Negativo! Mas continuo procurando... As semanas viraram meses.

— Achou?

— Negativo. Continuo procurando...

Até que se quebrou, finalmente, a rotina:

— Achou?

Polegar para cima, sorridente, Glória respondeu efusiva:

— Positivo!

— Ótimo! Ótimo! Onde estava?

— Aqui no Centro!

— Aqui?!...

— Sim, mas não é o anel. Aquele já não importa. Encontrei uma joia mil vezes mais preciosa: o Espiritismo!

* * *

A desinformação induz as pessoas a confundir a Doutrina Espírita com rituais mágicos destinados à solução de problemas corriqueiros e imediatistas. Se simplesmente desfizermos o engano quando nos procuram é provável que não as vejamos mais.

Preferível deixar que descubram por si mesmas, convidando-as a buscar respostas às suas reivindicações nas atividades doutrinárias. Assim, terão ensejo de travar contato com as realidades sublimes descortinadas pela Terceira Revelação, muito além das acanhadas cogitações humanas.

6

LEME OU ÂNCORA?

TRABALHADOR INCANSÁVEL, JUSTINO DEDICAVA-SE DE CORPO E ALMA AO ESPIRITISMO. Inspirado em nobres ideais, fundara um Centro Espírita. A expressão não define exatamente seu empenho. Muito mais que isso, edificara a sede, organizara os serviços, dirigia as reuniões, cuidava da contabilidade, promovia campanhas, atendia famílias carentes, aplicava passes, doutrinava espíritos e ainda encontrava tempo para cuidar da construção de um abrigo onde seriam amparados cem velhinhos.

Havia poucos colaboradores e reduzida frequência ao Centro, mas isso não importava. Justino sentia-se capaz de dar conta de tudo, como um craque de futebol que, além de jogar em todas as posições, fosse dono e técnico do time.

Preocupado com tantas atividades, que lhe pareciam excessivas para um homem de 63 anos, Alberto, seu irmão mais velho, homem experiente e lúcido, ponderava:

— Justino, você ainda se mata de trabalhar! Distribua as tarefas. Há muita gente que pode e deve ajudar.

— É o que venho fazendo há anos, meu caro, mas está difícil. Raros se habilitam a servir em troca do salário espiritual...

— Talvez seja uma questão de estímulo. Convoque o pessoal. Ressalte a importância dos serviços relacionados com o ideal espírita.

— Também pouco tem adiantado. Nos estudos de "O Livro dos Espíritos", que desenvolvo em lugar do Armando, desde que se afastou porque não concordei com algumas sugestões, venho demonstrando que o espírita que não serve se enquadra em vadiagem espiritual. Falo alto, com a força e a veemência dos antigos profetas e sempre tenho a impressão de me dirigir a uma assembleia de surdos. Ninguém ouve...

— Bem, talvez fosse melhor amenizar um pouco suas perorações. E se convocasse pessoalmente as pessoas? Um envolvimento amigo opera prodígios de boa vontade. Experimente distribuir simpatia antes de oferecer compromissos.

— Qual o quê! Vejo que você não está habituado a lidar com a natureza humana! Rasgar seda pouco resolve. É preciso despertar as consciências. Quando isso acontece, surge o servidor.

— Aparentemente tem acontecido com raridade...

— Infelizmente. O pior é que mesmo com os "despertos" não se pode contar. São pouco produtivos e cheios de melindres. Há meses tento passar a tesouraria ao Nunes. Afinal, essa é sua função. Mas não engrena. Além do mais, não confio nele. E muito displicente. O Aurélio, responsável pelo Departamento de Doutrina, não enxerga um palmo adiante do nariz, compelindo-me a organizar e desenvolver todas as atividades. O Bertineli é limitadíssimo na Assistência Espiritual. Sem meu concurso o setor não funciona.

— E nossas irmãs? A alma feminina é muito sensível aos apelos da Caridade. Há inúmeras tarefas que podem desenvolver com proveito.

— E largar sem jeito!... Por sugestão de minha mulher instalamos uma oficina de corte e costura, com promissoras perspectivas, mas ela em breve desistiu, no que foi seguida pelas demais colaboradoras, apenas porque não quiseram se sujeitar à minha coordenação. Cheguei a tentar, eu mesmo, a confecção de roupas para os pobres. Faltou-me tempo e um pouco de experiência.

— E o abrigo, como vai?

— Devagar, mas sempre. No domingo, trabalho até como pedreiro, sozinho. Os membros da comissão nomeada para a construção ainda não se decidiram a atuar, discordando de minhas opiniões. É natural. Não estão habituados a lidar com obras assistenciais.

— Seu empenho é louvável, Justino, mas está na hora de delegar responsabilidades. Você já não tem idade para tantos compromissos.

— Não se preocupe. Vendo saúde. O serviço é meu alimento!

— Cuidado! Não vá se intoxicar...

As ponderações de Alberto eram procedentes. Passados alguns meses, Justino, não suportando a carga de preocupações e serviços, sofreu fulminante enfarte, desencarnando em poucos minutos.

O Centro, com seus serviços variados e precários, certamente soçobraria, qual nave sem rumo.

No entanto, o inesperado aconteceu. Sem a presença do heroico comandante, Nunes assumiu a tesouraria, Aurélio organizou o Departamento de Doutrina, Bertineli dinamizou a Assistência Espiritual, Armando tornou-se notável expositor, a oficina de corte e costura voltou a funcionar com a liderança da esposa, e o abrigo, com as iniciativas felizes da comissão e o apoio decidido de uma comunidade espírita florescente, em breve tornou-se feliz realidade.

Na ausência de Justino, que não obstante seus méritos, estava mais para âncora do que leme, a instituição finalmente habilitou-se a singrar os mares abençoados do serviço, com uma tripulação numerosa e operante.

* * *

O Centro Espírita é promissora célula de trabalho, embrião da sociedade futura, onde o empenho da fraternidade será a tônica das ações humanas.

Há dirigentes, entretanto, que acabam por conter a vocação do Centro Espírita com uma liderança autocrática de quem deseja fazer tudo e termina por fazer quase nada.

7

MIRAGENS

Eram encargos normais, saudáveis: cuidar dos filhos, dirigir o lar, instruir a doméstica, efetuar compras... Mas Zilda aborrecia-se. Sentia-se frustrada. Ninguém parecia reconhecer seu esforço. Além do mais, sonhava trabalhar fora, ter seu próprio dinheiro, frequentar uma Faculdade, alargar horizontes...

Irritava-se com frases pomposas, tipo "rainha do lar" ou "doadora da Vida", que lhe pareciam engodos masculinos para estimular a submissão das mulheres.

Resolveu consultar um psicólogo, desses modernos, ideias arejadas, "pra-frente"... Expôs-lhe suas angústias.

— Minha cara Zilda — orientou o profissional, enfático. —, seu problema fundamental é aprender a gostar um pouco de si mesma! Solte-se! Conquiste seu espaço!

— O senhor tem razão! Anseio por voos mais altos, além da rotina... No entanto, estou amarrada. Os encargos domésticos são numerosos. A família precisa de mim. Alguém deve ficar na retaguarda...

— Esqueça! No momento é preciso cuidar de seu bem-estar. Ninguém deve ser mais importante do que você mesma! Liberte-se! Seja autêntica! Exercite suas próprias asas!...

Sob orientação do psicólogo, Zilda começou a mudar. Encontrou tempo para o massagista, o tratamento de beleza, a ginástica. Importante afinar a silhueta, rejuvenescer... Logo, matriculou-se em curso de nível superior, conseguiu emprego de meio expediente, entrosou-se com novas amigas, igualmente "avançadas"...

Sem tempo para o lar, este começou a apresentar problemas. O desleixo tomou conta, os filhos foram descuidados. O esposo, perplexo, indagou-lhe o porquê de tantas mudanças...

— É preciso cuidar de mim mesma. Tenho sido uma escrava. Chegou o tempo de minha libertação. Vocês "se virem"!...

Empolgada pela própria audácia, Zilda distanciou-se progressivamente da família, até que, concluindo que precisava de mais espaço, partiu para cidade distante, integrada em serviço promissor. Aparecia apenas nos fins de semana, visita em sua própria casa. Era preciso cuidar de si mesma!

Todavia, não chegou a parte alguma, alienada das realidades mais simples, perdida em caminhos tortuosos. Embora livre para movimentar-se, jamais se libertou da angústia e da insatisfação, nem da impertinente sensação de que talvez fosse mais feliz como humilde "rainha do lar"...

* * *

No dicionário da Vida, felicidade é sinônimo de doação. Por mais sofisticadas e brilhantes sejam as ideias, não resolveremos o problema de nossa estabilidade íntima, nem nos realizaremos como filhos de Deus, enquanto pensarmos muito em nós mesmos. Quem se fecha em si, sufoca-se em estreitos limites, ainda que se julgue na amplidão.

Os movimentos feministas são respeitáveis quando reivindicam os direitos da mulher como ser humano, com aspirações inerentes à sua condição. Cometem, entretanto, grave engano quando, pretextando sua libertação, induzem-na a se aborrecer com os encargos domésticos, negligenciando as sagradas tarefas da maternidade, em que a mais nobre, a mais sublime de todas as missões lhe é confiada: preparar os filhos para a Vida, tarefa que lhe confere o supremo encargo de colaboradora de Deus.

8

REFORMAS SOCIAIS

O ASSUNTO SURGIU NA REUNIÃO DE ESTUDOS. PARA A EDIFICAÇÃO DE UMA SOCIEDADE JUSTA, não seria razoável a participação em movimentos que defendem uma mudança nas estruturas sociais?

Várias opiniões foram apresentadas. Houve quem preconizasse um engajamento do Centro, contribuindo até mesmo para a constituição de partido político capaz de pugnar pelos ideais espíritas. Outros defendiam uma mobilização popular, se necessário, pressionando os governantes, a fim de que as legítimas aspirações do povo fossem atendidas.

Terminada a discussão, ofereceu-se a palavra a Josefo, dedicado mentor espiritual que, após saudar os presentes pela psicofonia mediúnica, falou:

O assunto hoje foi empolgante. É louvável o interesse que demonstraram na procura de soluções para os grandes problemas sociais. Considerem, entretanto, que todas as mudanças envolvendo a sociedade, para serem legítimas e proveitosas, pedem antes a renovação do Homem, o que não pode ser feito à custa de meras reivindicações, de verbalismo ou do exercício da força, porquanto, para tanto, é preciso entrar em seu coração e não há outro caminho senão o Amor. Pode parecer piegas aos doutos, mas é a pura expressão da realidade. Jesus o demonstrou incansavelmente em seu apostolado. O Espiritismo faz a mesma proposta, apresentando a caridade como a base da salvação humana. Com a caridade desenvolveremos a vocação de servir, que é o Amor em ação, atuante, empreendedor, irresistível no apelo à renovação.

— No entanto — retruca Luiz, um dos defensores do engajamento político —, o amigo não nega que uma mobilização dos espíritas poderia favorecer as mudanças pretendidas.

— Sim, todos podem participar de tais iniciativas, desde que observem a ordem e a disciplina, com respeito aos poderes constituídos, mas sem envolver a Doutrina Espírita como movimento, a fim de que não tenhamos a reedição dos perigosos enganos cometidos pelos líderes religiosos no passado, que terminaram por atrelar a religião ao poder, assimilando os males que pretendiam combater.

— Mas o irmão não admite que uma mobilização popular, até com eventual exercício de força, apressaria as mudanças pretendidas? — indaga Gabriel, um dos defensores das medidas revolucionárias.

— Semelhantes iniciativas realmente promovem modificações nas estruturas sociais, mas em nada contribuem para a edificação de um Mundo melhor. Muitos movimentos de força têm sido disparados. Sistemas se sucedem, mas perpetuam-se os males humanos... Países desenvolvidos resolvem transitoriamente os problemas da miséria material, mas caem na miséria moral, que é muito pior: a primeira é provação para coletividades imensas, funciona como cadinho purificador; a segunda é semeadura de dores... Ocioso pretender-se a reforma da sociedade sem a renovação do cidadão. Impossível construir uma casa sólida com tijolos crus.

Josefo fez pequena pausa, como a esperar que seus conceitos fossem assimilados, concluindo, incisivamente:

— Quando Jesus proclamou que o Reino de Deus está dentro de nós, deixou bem claro que ele não se estenderá sobre o planeta antes dessa gloriosa conquista. Por isso, meus amigos, o nosso trabalho é junto ao coração humano, sem pressões e sem pressa, com o exemplo de nosso próprio empenho no Bem, a fim de que o Reino Divino se estenda ao nosso redor.

* * *

Qualquer sistema de governo funcionará satisfatoriamente se governados e governantes se ajustarem aos princípios da Justiça e da Verdade, da Fraternidade e da Solidariedade, do Trabalho e da Disciplina, do Respeito e da Compreensão.

Semelhantes realizações, que jamais poderão ser impostas, se concretizarão na medida em que os homens se dispuserem a seguir o Cristo pelos caminhos do Amor.

9

A TURMA DO PREFIRO

Os dois irmãos habitavam bela residência herdada de seus pais. Construção antiga, mas sólida, confortável, de cômodos amplos e arejados. Ali poderiam permanecer por longos anos, sem problemas.

No entanto, por uma insignificância desentenderam-se, concluindo, após ásperas discussões, que não continuariam juntos. A solução seria vender o imóvel, ideia que nenhum deles admitia. Então, resolveram dividi-lo ao meio, providenciando para que fossem erguidas paredes onde existiam portas ligando as duas metades.

Isto feito, instalaram-se, cada qual em sua nova residência, dois arremedos de casa, porquanto, sem recursos para gastos maiores, acomodaram-se ao que existia. Um ficou sem cozinha; o outro, sem banheiro. Situação incômoda, desconfortável...

Um amigo comum passou por ali e, observando a tolice cometida pelos dois irmãos, que apenas lhes complicara a vida, sugeriu:

— Por que vocês não se reconciliam, derrubam as paredes divisórias e voltam a viver confortavelmente?

— Não! — respondeu cada um por si. — *Prefiro* viver assim!

E assim permaneceram por muitos anos, sem jamais conversarem, existência azedada pelo ressentimento, numa casa dividida pela intransigência.

* * *

Muitos vivem assim, a levantar barreiras de ressentimento, mágoa e irritação, que impedem uma convivência pacífica com o semelhante.

Quando instados a modificar suas disposições, engrossam as fileiras lamentáveis da "turma do prefiro".

Tudo seria diferente se exercitassem um pouco de compreensão e tolerância, evitando as divisórias de intransigência que separam as pessoas, gerando desconfortáveis situações.

10

O HORÁRIO DA MACUMBA

— A QUE HORAS COMEÇA SUA MACUMBA?

Manoel ouviu sem se alterar com a indagação de Gervásio, irreverente colega de serviço, na repartição pública onde trabalhava. Todos conheciam sua condição de espírita, mas sempre encontrava pessoas que confundiam o Espiritismo com práticas ritualísticas africanas.

Procurando ser bem explícito em sua resposta, abriu o dicionário e leu para o interlocutor:

"Macumba; cerimônia fetichista de fundo negro com influência cristã, acompanhada de danças e cantos ao som do tambor."

Concluindo, acrescentou:

— Pelo que me foi dado ver, meu caro, não tenho condições para responder à sua pergunta, porquanto não conheço nenhum grupo dedicado à macumba. Se deseja conhecer o Centro Espírita do qual participo, terei prazer em recebê-lo. Dirijo uma reunião às terças-feiras, horário das dezenove e trinta.

Gervásio agradeceu sorridente e prometeu que compareceria oportunamente. No entanto, no dia seguinte, totalmente alheio ao entendimento anterior, perguntou, maroto, na presença de vários colegas:

— A que horas começa sua macumba?

Manoel concluiu que já não se tratava de simples mal entendido. O companheiro estava mesmo com gozação, pretendendo rir às suas custas. Ainda assim, sem se alterar respondeu tranquilo:

— Às dezenove e trinta.

Gervásio gostou da brincadeira. Diariamente, com a fidelidade dos que gostam de azucrinar o semelhante, trovejava para todos ouvirem:

— A que horas começa sua macumba?

Manoel começou a se aborrecer. Afinal, a expressão "macumba" tinha conotação negativa, associada à magia negra, despachos e males encomendados. Referir-se assim ao Centro Espírita era, no mínimo, um desrespeito. Mas jamais revidava, limitando-se a responder:

— Às dezenove e trinta.

Passaram-se vários meses. O curto diálogo, repetido ao início do expediente, parecia refrão de música popular, com a precisão de notas musicais ordenadas em pauta:

— A que horas começa sua macumba?

— Às dezenove e trinta.

Até que, numa reunião de terça-feira, no Centro, Manoel surpreendeu-se com a presença de Gervásio.

— Prazer em vê-lo, meu amigo! Veio conferir o horário da nossa "macumba"?

— Não, Manoel. Vim mesmo para ver o que ensinam aqui. Deve ser algo muito bom, pois lhe deu paciência para resistir à minha gozação por tanto tempo! E se há algo de que preciso é de paciência! A vida não está fácil! Tenho muitos problemas!...

* * *

Na proporção em que, ajustando-nos aos postulados espíritas, formos capazes de exercitar a serenidade e o equilíbrio, em todas as situações, fatalmente despertaremos interesse pela Doutrina naqueles que convivem conosco, porquanto tais valores, que fazem parte das aspirações mais caras da criatura humana, são escassos no conturbado mundo atual.

Por isso, hoje e sempre, o mais eficiente recurso para demonstrarmos a excelência do Espiritismo é o nosso próprio comportamento.

11

PÃES E PEIXES

— Sinto muito, Valdo, mas não há condições para o pagamento do décimo terceiro salário. Temos, no banco, apenas vinte por cento do necessário.

O presidente da Creche Discípulos de Jesus, nobre entidade protestante que atendia cento e vinte crianças, desligou o telefone amargurado. A informação de Justino, o tesoureiro, afligia-o duplamente: uma disposição da lei trabalhista deixaria de ser cumprida ao mesmo tempo em que ficariam frustradas as expectativas das funcionárias, mulheres pobres que contavam com aquele dinheiro para o Natal.

Há muito sedimentara-se em seu espírito penosa dúvida: valeriam os sacrifícios, preocupações e noites insones para manter a creche, sem o devido apoio? Numa cidade tão grande, raros tomavam conhecimento do que se realizava ali. Nem mesmo na comunidade religiosa da qual participava existia interesse maior pelo serviço. Se seus irmãos em crença se dispusessem a "arregaçar as mangas" e "abrir a bolsa", tudo seria mais fácil. Jesus definira com propriedade a questão ao proclamar que a Seara é grande, e os trabalhadores são poucos. A dificuldade presente parecia-lhe a gota d'água a transbordar o cálice de suas sofridas perquirições íntimas, quebrantando-lhe o ânimo, sugerindo desistência.

Como ocorria habitualmente, sempre que problemas o afligiam, Valdo buscou inspiração no Evangelho. Abriu-o ao acaso e leu, em Mateus, capítulo quinze:

"Ao sair dali, Jesus veio costeando o mar da Galileia e, tendo subido ao monte, lá se sentou. Logo, dele se acercou grande multidão, trazendo mudos, cegos, coxos, aleijados e outros muitos que foram colocados a seus pés; e ele a todos curou, de sorte que a multidão se mostrava maravilhada ao ver que os mudos falavam, os coxos andavam, os cegos enxergavam e os aleijados ficavam sãos; e todos glorificavam o Deus de Israel.

Jesus chamou os seus discípulos e lhes disse:

— Tenho compaixão destas criaturas, porque há três dias que estão comigo e nada têm que comer. Não quero despedi-las em jejum para que não desfaleçam no caminho.

Disseram-lhe os discípulos:

— Donde receberíamos neste deserto tantos pães para fartar tão grande multidão?

Perguntou-lhes Jesus:

— Quantos pães tendes?

— Sete e alguns peixinhos.

Jesus ordenou então ao povo que se sentasse no chão e, tomando os sete pães e rendendo graças, partiu-os e deu aos discípulos para que os distribuíssem pelo povo. Tinham também alguns peixinhos; e Ele, abençoando-os, mandou que estes igualmente fossem distribuídos. Todos comeram, ficaram saciados e ainda encheram sete cestos com os pedaços que sobraram. Ora, os que comeram eram em número de quatro mil homens, além de mulheres e crianças. Despedido o povo, Jesus entrou na barca e foi para o território de Magadã."

Como ocorria, invariavelmente, a leitura do texto evangélico revigorou o ânimo de Valdo que, possuído por inquebrantável resolução, tomou o telefone e discou:

— Alô...

— Justino?

—Oi, Valdo.

— Pode soltar os cheques do décimo terceiro.

— Conseguiu o dinheiro?

— Não, mas com a ajuda de Jesus ele virá!

— Não quero parecer cético. Devo lembrar-lhe, todavia, que não se trata de valor pequeno, e teremos apenas vinte e quatro horas para providenciar a cobertura.

— Tenhamos fé, companheiro! Jesus dispunha de apenas sete pães e alguns peixes e alimentou uma multidão de quatro mil pessoas!

— Valdo, sejamos práticos. O tempo dos milagres passou. Dinheiro não se multiplica no banco do dia para a noite!

— Pague! Assumo a responsabilidade!

—Tudo bem, profeta. Seja o que Deus quiser!

No dia seguinte, o tesoureiro lhe telefona:

— Recebi um comunicado do banco.

— Quanto devemos depositar?

— Nada.

— Nada?!

— Informaram que houve um depósito ontem, feito por um irmão que se propôs a ofertar um donativo de natal. Deu exatamente para completar as despesas com o décimo terceiro!...

Valdo desligou o telefone de olhos úmidos. Incontida emoção revigorava seu espírito valoroso. Não havia motivos para desânimo. Jesus velava, sempre pronto a socorrer seus seguidores, conforme prometera.

* * *

Assim como o Cristo multiplicou pães e peixes para atender a multidão faminta e sofredora, a boa vontade multiplica indefinidamente os recursos com os quais podemos e devemos ajudar nossos irmãos.

Que o digam os dirigentes de organizações assistenciais. Raramente há dinheiro suficiente, mas os recursos chegam invariavelmente, sustentando o serviço, enquanto persistem a boa vontade e a disposição de servir.

12

DOADORES DE VIDA

CÉLIO TIMBIRA ENTROU VACILANTE NA AGÊNCIA BANCÁRIA. ERA SEMPRE COM UMA SENSAÇÃO de pânico que voltava ao serviço, em sucessivas licenças-saúde.

Os médicos diagnosticavam o mal: neurose depressiva, que se manifestava particularmente numa profunda insegurança em relação às suas atividades profissionais. Gostava do Banco, relacionava-se bem com os colegas... Entretanto, experimentava insuperável mal-estar, presa de indefiníveis angústias. Os afastamentos totalizavam cinco anos, configurando cronicidade.

Seus superiores o aconselhavam, frequentemente, à aposentadoria por invalidez. Era o que mais o perturbava. Não se considerava incapaz. Desejava trabalhar e vislumbrava nessas orientações a mera intenção de se livrarem dele, como de um peso morto a ocupar o lugar de alguém em melhores condições.

Desta vez, nutria nova esperança. Conseguira transferência e era em outra agência que estava se apresentando, a contar com a torcida de seus familiares e amigos.

O encarregado do pessoal o recebeu com simpatia. Não obstante, o bancário estava terrivelmente tenso. Certamente já lera sua fé-de-ofício, tomando conhecimento de seus problemas de saúde. No entanto, ele nada comentou, limitando-se a encaminhá-lo para o setor onde serviria.

Célio esforçou-se por superar a velha insegurança. Concentrou-se nas tarefas e viu escoarem-se, menos angustiantes, as horas que compunham o expediente.

No final da tarde, foi chamado à gerência. Não havia surpresa. Até adivinhava a cantilena: deveria esforçar-se por superar seus problemas, a fim de não prejudicar a si mesmo e ao Banco.

O gerente o cumprimentou gentil, acentuando:

— Meu caro Célio, tenho conhecimento de suas dificuldades e avalio quanto deve ter sofrido nessa sucessão interminável de licenças-saúde.

Fazendo-se forte, o bancário tenta contornar a situação, evitando o constrangimento da admoestação que, como bem conhecia, vinha sempre precedida de amenidades, e diz, sem muita convicção:

— Não se preocupe, senhor gerente. Estou animado e bem consciente de minha situação. Não pretendo perder nenhum dia de serviço.

— Gostei de ouvir isso, meu rapaz! É preciso acabar com esses afastamentos que complicam sua carreira!...

"Oh! Meu Deus! Se me pressiona não vou conseguir!" — proclama Célio em desespero, na intimidade de si mesmo.

— Façamos o seguinte: você virá diariamente à agência e assinará o ponto, garantindo o dia. Depois, trabalhará durante o tempo que julgar conveniente. Somente completará o expediente de seis horas se sentir-se em condições. Caso contrário, reduza a jornada para cinco, quatro, três, duas, uma hora... Seu compromisso será apenas com o ponto. Quanto ao mais, não se preocupe. Faça o que puder...

Célio tinha os olhos marejados de lágrimas. Jamais poderia conceber tão generosa concessão. Julgara receber reprimendas antecipadas e era presenteado com a liberdade plena. Ensaiou agradecimentos, extremamente sensibilizado...

Não agradeça, meu filho. Estou apenas cumprindo o dever de ajudar um companheiro em dificuldade.

O bancário deixou a gerência com desconhecida sensação de leveza e bem-estar, disposto, como nunca, a superar suas dificuldades. E *jamais* se prevaleceu da concessão que lhe fora feita, cumprindo integralmente suas jornadas de trabalho e superando, em definitivo, o círculo vicioso das licenças-saúde. A generosidade do gerente devolvera-lhe a confiança em si mesmo.

* * *

Há uma permanente interação entre as criaturas humanas. Influenciamo-nos uns aos outros com pensamentos, palavras, ações...

Por isso, há os agentes da Morte, que aniquilam esperanças e aspirações, brandindo o látego da crítica ferina, do pessimismo, da agressividade, do desrespeito, mas há, também, abençoados doadores da Vida, que estimulam o crescimento do semelhante com manifestações de bondade, compreensão, otimismo e confiança.

13

A CARTA

UMA CARTA MALCRIADA, DESSAS DE "ACABAR COM O DISTINTO", TERMINANDO COM UM PEREMPtório "esqueça que sou seu filho!"

A indignação de Lenildo era procedente, embora injustificável a má-criação sob a ótica cristã. O pai envolvera-se com outra mulher e abandonara a família, mudando-se para cidade distante.

O rapaz, com apenas 17 anos, vira-se precariamente promovido a chefe da casa, com a responsabilidade de ajudar a mãe a sustentar três irmãos menores. Esfalfava-se numa empresa de defensivos agrícolas, às voltas com reações alérgicas provocadas pelo contato com agrotóxicos, o que exacerbava a revolta contra o desertor.

A carta fora uma explosão, um transbordamento de mágoa. Raivoso, levou-a ao correio, desejando que o pai se danasse. Ao se retirar, viu, num canto do balcão, folhetos para distribuição, ali deixados por algum funcionário que estimava divulgar ideias nobres. Eram mensagens espíritas. Sua atenção foi despertada por uma que falava sobre o perdão. Impressionou-o particularmente o final:

"Tua mágoa tem a extensão de tua incompreensão. Quem compreende, perdoa. Quem não perdoa é escravo da angústia. Liberta-te!"

Foi água fria na fervura! Arrependeu-se de ter remetido a carta. Talvez a situação não fosse exatamente como imaginava. Fora muito radical... Tentou recolhê-la, mas o funcionário mostrou-se irredutível, afirmando:

— Sinto muito! Correspondência postada é propriedade do destinatário!...

Lenildo perturbou-se, dominado pelo sentimento de culpa. Pensava no impacto que a carta provocaria. A noite não conseguiu dormir. Resoluto, levantou bem cedo, dirigiu-se à rodoviária e tomou o primeiro ônibus.

Após sete horas de viagem, chegava ao local onde residia o genitor. Surpresa: era humilde pensão, só para homens. Informou-se do local onde o velho trabalhava. Nova surpresa: era modesto ajudante numa construção, ele que sempre fora empreiteiro.

Encontrou-o envelhecido, possivelmente enfermo, a exibir indisfarçável tristeza. Abraçaram-se emocionados. Pouco depois saíam para o almoço. Conversaram longamente. O pai desligara-se da mulher que o seduzira, mas não tinha coragem de tornar ao lar. Sentia o peso de sua deserção...

Lenildo confortou-o, sensibilizado. Regressariam juntos. Começariam vida nova. A mãe o esperava desde a separação. Orava por ele todos os dias...

Na pensão, continuavam a conversação, traçando planos, quando chegou o carteiro. Lenildo adiantou-se e tomou para si a carta endereçada ao pai. Este, curioso, queria tomar conhecimento do conteúdo.

— Não há necessidade, pai. Já lhe disse pessoalmente tudo que escrevi...

Suspirando, aliviado, rasgou-a em muitos pedaços, que jogou no lixo, sentindo que com ela ia a sua angústia, derrotada por um impulso feliz de aproximação.

* * *

A ira é péssima conselheira, sugerindo ações das quais fatalmente nos arrependeremos, já que nem sempre é possível anulá-las como quem rasga uma carta malcriada, impedindo que o destinatário tome conhecimento.

Imperioso, por isso, conter nossos impulsos, contando até dez, cem, milhares se necessário, até esfriar a cabeça, habilitando-nos a agir com discernimento, a cultivar o dom de compreender.

14

O PROGNÓSTICO

PELA PRIMEIRA VEZ, EM MUITOS ANOS, O DOUTOR RICARDO ESTAVA EM FÉRIAS. ACOMPANHADO de Cristina, a dedicada esposa, desfrutava de merecido descanso em estância hidromineral. Era uma abençoada trégua na rotina estafante de médico obstetra.

Enquanto a esposa repousava após o almoço, ele, irrequieto como sempre, pouco afeito à inatividade, transitava por aprazível parque público, semeado de árvores frondosas e convidativos bancos.

Detendo-se junto a gracioso lago artificial, observara, discretamente, simpática senhora em cadeira de rodas, sob os cuidados de uma jovem. Admirou-se da solicitude da enfermeira, que se desvelava em atenções em favor da enferma. Esta não lhe era estranha. Não foi difícil lembrar-se. Tratava-se, certamente, de dona Júlia, que fora sua paciente há pelo menos vinte e cinco anos. Desde então, não tiveram nenhum contato. Tão seguro reconhecimento, após tanto tempo, era decorrente das circunstâncias marcantes que caracterizaram seu relacionamento.

Júlia concebera o primeiro filho aos quarenta anos. No início da gestação, sofrera duas fortes emoções: inicialmente, a constatação de que estava com sífilis, vítima indefesa dos desregramentos do esposo. Logo depois, ele morrera, envolvido em grave acidente automobilístico.

Ricardo sugerira o aborto terapêutico. Levar adiante a gestação, considerada a soma dessas circunstâncias adversas, constituía um grande risco em relação à sua própria integridade física. Por outro lado, o bebê poderia sofrer graves limitações físicas e mentais. Mais provável que viesse à luz natimorto.

Obstinadamente, Júlia recusou seguir sua orientação. Discutiram, mas ela foi irredutível: Queria o bebê. Tudo correria bem. Confiava em Deus. O Senhor não a desampararia!...

Ricardo não soubera do desfecho, porquanto a paciente transferira residência para cidade distante, no quarto mês de gestação. Curioso, aproximou-se:

— Desculpe, senhora. Seu nome é Júlia?...

— Prazer em vê-Io, Doutor Ricardo. Reconheci-o tão logo o vi. Está muito bem! Os anos não lhe pesaram!...

Conversaram durante algum tempo. A jovem afastara-se, discretamente, deixando-os à vontade.

O médico desejava indagar a respeito do bebê, mas conteve-se, temendo ser indiscreto, a revolver velhas feridas, tendo em vista seu sombrio prognóstico. Buscando evitar o melindroso assunto, comentou:

— Vejo que tem estado doente...

— Sim, há dois anos. Fui acometida por uma esclerose amiotrófica. Só não fiquei inteiramente paralisada graças à competência dos médicos que me atenderam e aos préstimos dessa adorável criatura que me acompanha. Ela se multiplica em cuidados, ajudando-me nos intermináveis exercícios. Mais que isso: socorre-me nos momentos de dor. Conforta-me se estou angustiada. Estimula-me se perco o ânimo. Sempre prestativa, alegre e gentil, é o cireneu abençoado que Deus colocou em meu caminho, amparando-me em minha provação.

— Apesar de seus problemas, a senhora foi afortunada. Encontrar um anjo como enfermeira é como ganhar na loteria!...

— Concordo plenamente... Só que ela é bem mais do que uma simples enfermeira...

Abrindo sorriso brejeiro, como criança que faz arte, arrematou:

— Ela é minha filha muito querida. Aquela mesma filha que não teria nascido se eu seguisse sua recomendação, meu caro doutor!...

Ricardo viu-se a sorrir também, feliz por ter se equivocado em seu prognóstico, a considerar, intimamente, que o coração materno, não raro, enxerga muito além da acanhada visão dos médicos da Terra.

* * *

Há situações aflitivas comparáveis a processo gestatório difícil, de perspectivas sombrias.

Muitos tentam livrar-se delas fugindo às suas responsabilidades, como a mulher que interrompe indesejável gravidez.

Os que resistem a esse impulso verificam, mais tarde, que sua perseverança no cumprimento do dever partejou potencialidades que enriquecem suas vidas, tornando-os mais fortes e destemidos, capazes de enfrentar com serenidade os temporais da existência e de edificar com segurança a própria felicidade.

15

A VITÓRIA DAS SOMBRAS

Altamiro, experiente obsessor, especialista em perturbar instituições espíritas, ouvia as queixas de Perciliano, velho companheiro de estrepolias entre os encarnados:

— Meu caro amigo, estamos em dificuldades. Não encontramos brechas para envolver espíritas impertinentes que invadiram nossa área de atuação. Edificaram um Centro, onde orientam muitas pessoas na reformulação de suas existências, com o que as subtraem à nossa influência.

— Tentaram desestabilizar o grupo com a discórdia?

— Sim, sem resultado. Eles estudam com muito empenho, em reuniões semanais, o detestável "Evangelho Segundo o Espiritismo". Observam com seriedade sua lenga-lenga sobre a compreensão e o perdão.

— Experimentaram conturbar o ambiente com a presença de entidades galhofeiras e desequilibradas?

— Não há a mínima condição! Não temos acesso!... Os trabalhos são regidos pela oração e por vibrações em favor da concórdia e da paz.

— Semearam o tédio?

— Inutilmente! É impossível desmotivar pessoas que se imbuíram da convicção de que estão revivendo o Cristianismo primitivo com infindáveis iniciativas em favor do semelhante.

— E o formalismo religioso? Alimentem neles a velha tendência humana para as exterioridades. Inspirem rituais e rezas que induzam ao acomodamento, distraindo-os da própria renovação. Foi assim que nossos maiores conseguiram desvitalizar o movimento cristão no passado.

— Fizemos isso também. Alguns servidores mostraram-se receptivos, mas sem grandes resultados. Ocorre que lutamos contra um vigoroso movimento de abomináveis ideias nobres, imune a influências negativas, no qual elas são diligentemente apreciadas e observadas.

— Se é assim — comenta Altamiro, sorrindo sinistramente —, então ataquem o grupo no qual ele parece mais forte: nas suas convicções! Sugiram que o Espiritismo não é religião! Que devem preservar o Centro contra o igrejismo! Nada de Cristianismo redivivo! Que oração pública é herança ritualística de outras crenças! Que passe magnético e água fluidificada revivem práticas de comunhão formal! Que "O Evangelho Segundo o Espiritismo" deve ser substituído, nas reuniões de estudos, por livros mais substanciosos, de cunho científico e filosófico! Faça-os sentir a necessidade de preservar a pureza doutrinária, expurgando a Doutrina de tudo o que rescende a ranço de religiosismo!...

O interlocutor exultou. Não havia pensado nisso! Entusiasmado, providenciou para que a orientação fosse imediatamente implementada.

Em breve, o promissor núcleo espírita, que congregava dezenas de colaboradores e oferecia a milhares de pessoas os fundamentos de uma prática religiosa alicerçada no esforço do Bem, portal sublime de comunhão com a Espiritualidade Maior, estava reduzido a pequeno grupo de estudiosos, empenhados em negar o caráter religioso do Espiritismo.

Perciliano conseguira, finalmente, o seu intento.

* * *

Os gênios das sombras não desprezam nenhuma possibilidade no propósito de conturbar o movimento espírita, a mais séria ameaça ao seu domínio milenar.

Atuando inteligentemente, imiscuem-se atualmente entre os espíritas, veiculando surpreendente "revelação": O Espiritismo não é religião! E sempre encontram companheiros invigilantes, dispostos a defender acirradamente essa esdrúxula ideia, apoiando-se em extravagante exegese dos textos da Codificação.

Todavia, nenhum sofisma poderá sobrepor-se ao fato irrecusável de que AIlan Kardec escreveu "O Evangelho Segundo o Espiritismo" para destacar o aspecto religioso do Espiritismo, tanto quanto em "O Livro dos Médiuns" fala do aspecto científico e em "O Livro dos Espíritos" desenvolve o aspecto filosófico, compondo a tríade redentora: Filosofia, Ciência e Religião!

16

INCONCEBÍVEL PRECONCEITO

No plantão para encaminhamento aos recursos da Organização Socorrista Espírita, Roberto fitava, compadecido, a jovem que lhe falava. O ventre volumoso era promessa de vida em gestação, mas o rosto atormentado proclamava a morte da esperança.

— Enamorei-me de um homem insinuante, que me seduziu. Quando fiquei grávida, abandonou-me, incontinenti, confessando-se casado, preso a insuperáveis compromissos conjugais. Envergonhada, durante meses evitei comentar o problema com meus pais. Eles são rigorosos em questões morais. Quando se tornou impossível esconder meu estado, chocaram-se muito, despejando sobre mim acusações e ameaças. Sugeriram o aborto. Ante minha recusa, impuseram que saísse da cidade por alguns meses. Após o nascimento, deverei deixá-lo no hospital para adoção. Então, poderei voltar. Exigem sigilo absoluto. Nossa família é muito conhecida. Aos amigos informam que viajei para o exterior.

Emocionada, a jovem estabelece pausa regada de lágrimas. Perplexo, Roberto comenta:

Incrível! Um comportamento preconceituoso e retrógrado em pleno século XX! Seus pais não consideram que a criança que está por vir é neto deles?

Não admitem nem falar a respeito! Esse assunto é tabu entre nós. Preferem ignorá-lo. Para eles, uma mãe solteira em casa configura escândalo impensável.

Não posso aplaudir o que fez, minha filha, mas, certamente, a atitude de seus pais é muito pior. A situação, agora, transcende as convenções humanas. Há uma criança que precisa de amparo, de uma família...

O senhor compreenderia melhor se os conhecesse. São extremamente rígidos.

Eles têm religião?

— Sim, são espíritas.

Espíritas?!...

E dizem que, justamente por levar o Espiritismo a sério, não podem me apoiar. Devo responder pelo que fiz, assumindo minha responsabilidade.

Pretendem que cuide do assunto sozinha, livrando-se do filho? Creio que ainda não aprenderam as lições mais elementares da Doutrina, relacionadas com o exercício da caridade...

Buscando conter a indignação que o tomara, Roberto muda o rumo da conversação:

Você está bem financeiramente? Tem onde ficar?

Justamente por isso vim falar-lhe. Não pretendo dar meu filho. Assim, não contarei com a ajuda de meus pais. Peço-lhe, por misericórdia, um cantinho. Trabalharei como doméstica, se preciso, aqui ou num lar que se disponha a me acolher.

Certamente conseguiremos algo em seu favor. É preciso, porém, procurar seus pais. Devem saber onde você está. Se possível, alguém os alertará, conscientizando-os de que lhe devem amparo. De onde vem, minha filha?

Porto Alegre.

Ótimo. Tenho um contato lá. Um colega de profissão que conheci num simpósio. É espirita, bem sintonizado com os ideais doutrinários. Inteligente e culto, tenho certeza de que conseguirá sensibilizar seus pais. Seu nome é Túlio Firmino.

Vendo que a jovem chorava novamente, extravasando imensa angústia, Roberto tenta consolá-Ia:

Calma, menina. Fique tranquila. Tudo dará certo...

Não vai adiantar, "seo" Roberto! Não vai adiantar!...

Vai sim. Confie. Túlio Firmino é muito persuasivo.

Não, "seo" Roberto, não vai acontecer nada disso porque Túlio Firmino... é meu pai!

* * *

A Doutrina Espírita é bastante clara ao nos alertar quanto aos nossos compromissos diante do próximo, particularmente no que diz respeito ao exercício da caridade.

A grande dificuldade está naquele "próximo mais próximo", sob o mesmo teto, que atende pelo nome de irmão, filho, cônjuge, pai, mãe, avô, neto...

Diante deles, por um atavismo psicológico calcado no cultivo milenar do egoísmo, insistimos em impor nossos padrões de comportamento. Se contrariados, brandimos atitudes preconceituosas e duvidoso moralismo, furtando-nos, assim, ao compromisso de compreender e ajudar.

17

A CIRURGIA ESPIRITUAL

GEDEÃO, DEDICADO MÉDICO DESENCARNADO, PROMETERA A CÂNDIDA QUE SEU PROBLEMA SERIA resolvido mediante uma cirurgia espiritual. Ela fazia por merecê-lo. Médium vidente, doava-se inteiramente aos serviços assistenciais e mediúnicos num centro espírita.

Tratava-se de uma ruptura de ligamentos numa das pernas, que lhe impunha intermináveis dores, além de lhe dificultar a movimentação.

Temia submeter-se aos médicos da Terra, porquanto fora alertada de que se tratava de intervenção delicada que, se mal sucedida, poderia prendê-la irremediavelmente ao leito. Preferia o concurso dos Espíritos. Neles confiava plenamente.

Atendendo recomendações do orientador espiritual, eram realizadas reuniões semanais em sua modesta residência, onde vivia só, viúva humilde, amparada por filha casada que residia ao lado.

Grupo reduzido, apenas cinco confrades habituados a esse tipo de serviço. Cândida observava, pela vidência mediúnica, a mobilização de recursos da Espiritualidade: aplicação de magnetismo, exames e testes, utilização de estranhos aparelhos.

Após três meses de preparativos, o mentor marcou a data. Recomendou que, no horário habitual, após a prece, fosse procedida a leitura de pequeno trecho de "O Evangelho Segundo o Espiritismo". Permaneceriam depois vibrando em benefício da paciente, enquanto a equipe espiritual estivesse operando.

No dia aprazado, surgiram dificuldades logo pela manhã: dois participantes comunicaram que não poderiam comparecer. Os outros simplesmente não apareceram, sem justificativa. Cândida, apreensiva, viu Gedeão junto de si.

— Minha filha, nossos irmãos encarnados são muito vulneráveis em seus propósitos de colaboração. Cedem facilmente aos contratempos. Não virá ninguém. Não obstante, a programação será cumprida. Deite-se e ore. Confiemos na Providência Divina.

A médium obedeceu. Já em seu leito, concentrada, pensamento em Jesus, viu o quarto singelo transformar-se, como num passe de mágica, em requintada sala cirúrgica, profusamente iluminada, com a presença de médicos e enfermeiros. Brando sono a envolveu.

Acordou depois de duas horas, sentindo leve dor na região abdominal. Gedeão a assistia, informando sorridente:

— Correu tudo muito bem. Faça repouso por alguns dias, evitando esforço físico. Em breve, estará plenamente recuperada.

O prognóstico do mentor cumpriu-se fielmente. Em três semanas, Cândida, feliz, voltava a participar das atividades espíritas.

* * *

É importante a colaboração dos homens nos processos de ajuda espiritual.

Servidores de boa vontade oferecem preciosa sustentação fluídica...

Doadores de magnetismo promovem revigorantes reações orgânicas...

Grandes médiuns efetuam cirurgias espetaculares...

No entanto, a Espiritualidade pode mobilizar recursos inimagináveis, sem o concurso humano, sempre que necessário, desde que os beneficiários detenham o necessário merecimento.

18

A CURA

As feridas nas pernas de Maria das Graças, fruto de numerosas ulcerações varicosas, descambaram em cronicidade. Contribuíra para essa situação o fato de que a respeitável matrona, viúva humilde, via-se obrigada a atividade intensa como lavadeira, serviço com o qual garantia o sustento de três filhos.

O Doutor Jeremias a atendia, solícito, no ambulatório da instituição socorrista. Tratava-a com carinho, cuidando de seus ferimentos. E recomendava sempre:

— É preciso repouso, dona Maria, ou não sarará nunca!...

— Repouso, Doutor? Já viu pobre descansar?! Só depois da morte!...

Com o passar do tempo, Jeremias desistiu de tentar a recuperação da paciente, limitando-se à limpeza das ulcerações, semanalmente.

De repente, cessaram as visitas. Passaram-se meses...

O médico, humanitário e cuidadoso, preocupava-se. Estaria acamada? Impossível saber, porquanto nunca lhe anotara o endereço.

Finalmente ela reapareceu.

— Desculpe, Doutor, há semanas estou para procurá-lo. A gente vai deixando e o tempo passa. Não preciso mais de tratamento. Vim apenas agradecer pelo cuidado que me dispensou nestes anos todos.

O médico examinou as pernas da paciente e, surpreso, constatou que estavam totalmente recuperadas, conservando apenas cicatrizes.

— Que beleza, dona Maria! Esteve em outro médico? Que tratamento milagroso foi esse?

— Eu jamais procuraria outro, Doutor. O senhor tem sido muito bom para mim. Não há dinheiro que pague o carinho que me dispensou nestes anos todos. Usei, sim, outro remédio, muito simples até...

— Remédio popular — comenta Jeremias, sorrindo.

— Bem popular! Usei água fluida, banhando diariamente os ferimentos com ela!...

Sorridente e feliz, Maria das Graças deixou o consultório, enquanto Jeremias quedava-se, pensativo, a conjeturar sobre os mistérios da fé.

* * *

Curas espetaculares de males variados, mediante a aplicação de fluidoterapia, inspiram perplexidade e ceticismo nos círculos médicos.

É que, não obstante seus progressos, a Medicina ainda não descobriu os extraordinários poderes terapêuticos contidos numa simples porção de água enriquecida com fluidos retemperadores.

19

PRONTO-SOCORRO

— Então, amigo, como vai?

— Está falando comigo?

— Sim.

— Aqui é um hospital?

— De certa forma. O tratamento é diferente...

— Não sei como atendem aqui, mas, realmente, estou precisando de ajuda. Ando numa confusão danada, desde que adoeci e me submeti a uma cirurgia.

— É natural. Está debilitado.

— Não é só isso. Conhece um programa humorístico de televisão, em que um ancião tenta, sem sucesso, comunicar-se com diversas pessoas e reclama: "Inútil! Ninguém dá atenção para os velhos?!" Pois é o que ocorre comigo. Nem meus familiares me atendem! Simplesmente ignoram-me. Tenho a impressão de estar falando com as paredes!...

— Trata-se de uma perturbação passageira. Ocorre com pessoas idosas.

— Só há uma diferença: não sou velho. Mal passei dos cinquenta anos e estaria em pleno vigor físico, não fora o problema renal. Sofri muito! Não gosto nem de lembrar!... Voltam as dores, a angústia da operação!... Ah! Meu Deus! Sinto-me mal!...

— Calma, amigo. Você não tem mais problemas de doença. Isso está superado. Ficou apenas a impressão. É preciso mudar suas disposições. Esqueça o hospital, a cirurgia...

— Diga-me, por misericórdia: estou ficando louco? Somente por estranho desvio mental poderia ver-me às voltas com familiares indiferentes e doenças inexistentes, como num sonho, desses terríveis em que a gente sabe que é um pesadelo, quer acordar e não consegue!

— Bem, seja como for, está acordado agora. O tratamento que iniciamos em seu benefício começou a surtir efeito, dando-lhe condições para conversar conosco.

— Agradeço muito. É confortador sentir que alguém nos dá atenção...

— Não apenas eu, mas também os demais presentes que compõem este grupo de auxílio, desejamos seu pronto restabelecimento. Seu principal problema é vencer determinados condicionamentos relacionados com a enfermidade superada e a aparente indiferença dos familiares. Para tanto há um recurso infalível: a oração. Você costuma orar?

— Não muito. Para lhe dizer a verdade, há anos não entro numa igreja...

— É lamentável. Quando nos ligamos ao Céu, tudo fica mais fácil. Gostaria de orar conosco? Todos aqui vamos pedir a Jesus, o Médico Divino, que o ampare.

— Oh! Sim! Por favor! Farei o que disserem. Preciso recuperar-me!

* * *

Diálogos semelhantes repetem-se, incessantemente, nas reuniões mediúnicas em que se manifestam os chamados "Espíritos sofredores".

Despreparados para a vida além-túmulo, presos aos interesses e sensações da existência material, eles se comportam como sonâmbulos, alienados das realidades espirituais, incapazes de perceber a presença dos benfeitores e familiares desencarnados.

Ligado ao psiquismo do médium, no processo de intercâmbio, o manifestante colhe de suas energias e, como se houvesse sorvido poderoso estimulante, desperta em razoável lucidez, habilitando-se ao diálogo.

Se o servidor encarnado que lhe dirige a palavra conseguir motivá-lo à oração e se o grupo o envolver em vibrações de carinho e fraternidade no inabalável propósito de servir, então o manifestante conseguirá estabelecer um pouco de ordem na casa mental convulsionada pela crise da Morte. Encaminhado, em seguida, a instituições socorristas do Plano Espiritual, será medicado e esclarecido quanto à nova situação, reintegrando-se na vida verdadeira.

Imperioso, assim, reconhecer nas reuniões mediúnicas precioso "pronto-socorro espiritual", onde os companheiros encarnados atuam como valiosos enfermeiros. Se assíduos e perseverantes, conscientes e responsáveis, sem a preocupação de doutrinar, questionar ou acusar, podem operar prodígios de refazimento em favor desse vasto contingente de Espíritos, que aportam ao continente espiritual sem lastros de conhecimento e virtude que lhes permitam evitar o naufrágio da razão, nas águas agitadas do retorno.

20

O SONHO DE RUTE

RUTE ESTAVA À BEIRA DE UM COLAPSO NERVOSO. HÁ ANOS SUPORTAVA AS LOUCURAS DO MARIDO. Viciado em jogos de azar, vinha dilapidando os patrimônios da família.

Por mais lhe implorasse comedimento, procurando conscientizá-lo de suas responsabilidades, principalmente quanto ao futuro dos filhos, ele se envolvia inexoravelmente no torvelinho das apostas, afundando-se em dívidas crescentes.

A presença de um oficial de justiça, que levara a geladeira e o televisor para atender os compromissos do infeliz, fora a gota d'água. Sentia-se humilhada, com vontade de sumir! Que o solo se abrisse debaixo de seus pés, escondendo sua vergonha nas profundezas da terra.

À noite não conseguiu conciliar o sono. Agitada, torturava-se com ideias infelizes. Tentou orar, mas repetia maquinalmente as palavras, lábios movimentando-se mecanicamente, coração imobilizado na angústia, mente transitando nas proximidades do desespero. Não fosse o amor pelos filhos e sua condição de religiosa, vinculada a um templo protestante, buscaria a própria morte!...

Dormiu na madrugada, sono breve, mas que lhe ofereceu prodígios de consolo e esperança, num sonho inesquecível.

Viu-se num jardim florido, sem igual na Terra, ao lado de Filomena, sua adorável avozinha, já falecida. A respeitável entidade, após abraçá-la carinhosamente, tomou-a em seu colo, como se o fizesse com uma criança, e lhe falou longamente, confortando-a e infundindo-lhe abençoadas esperanças.

Foi a experiência mais bela de sua existência. Desejaria permanecer ali, naquele oásis de ventura, ao lado da velhinha querida, para sempre! Mas havia os compromissos da existência humana... E Rute despertou feliz, renovada, conservando a emoção do último abraço, parecendo-lhe ouvir, ainda, as palavras de despedida de Filomena:

— Coragem, minha filha! Você não está ao desamparo. Confie em Jesus! Ore bastante, conserve o bom ânimo e siga em frente! A situação vai melhorar!...

Na noite seguinte, em reunião íntima com os companheiros da igreja, Rute relatou com entusiasmo sua experiência maravilhosa, ressaltando a bondade de Deus, que permitira o contato espiritual com sua avó. Entretanto, notou, constrangida, que os irmãos de fé pareciam ter ideias diferentes a respeito do assunto. Tão logo terminou a exposição, o pastor, interpretando a posição do grupo, falou:

— Almas do outro mundo não vêm até nós! Você foi envolvida por Satanás!

— Não é possível! Tenho certeza de que era minha avó! Eu a conheci! Convivi muitos anos com ela! Sei que esteve comigo!...

— As artimanhas do tinhoso são inimagináveis! Jesus explicava que ele é capaz de iludir até os eleitos...

— Sim, mas Nosso Senhor ensinou, também, que uma casa dividida não pode subsistir e que se o Demônio se pusesse a praticar o bem estaria agindo contra ele próprio!

A discussão estendeu-se infrutiferamente. Foi impossível convencer do contrário uma comunidade habituada à ideia de que os mortos dormirão até um remoto juízo final.

Rute deixou a igreja atormentada. O que de mais sublime acontecera, desde que se entendia por gente, era reduzido a maquiavélico engodo das sombras...

Não aceitava semelhante absurdo! Como podia o Demônio repetir, convicto: "Confie em Jesus!". E por mais astuto fosse e até por isso mesmo, jamais seria capaz de revestir-se de carinho aconchegante, apanágio daqueles que realizaram em si o Amor, para acalmar suas inquietações com aquela inesquecível inflexão de ternura com que lhe falara.

Sem dúvida, algo estava errado em suas concepções religiosas a respeito dos mortos. Era preciso buscar a verdade em outro lugar.

No dia seguinte, Rute entrava pela primeira vez num centro espírita. Nos conceitos codificados por Allan Kardec encontrou o que procurava: a confirmação de que estivera realmente com sua avó!

Diz o apóstolo Paulo, na Segunda Epístola aos Coríntios, que "a letra mata, o espírito vivifica". Não obstante, muitos aprendizes do Evangelho insistem em interpretar literalmente os textos sagrados, compondo sistemas escatológicos dogmáticos que criam sérios embaraços ao exercício das ideias e à procura da Verdade.

A suposta impossibilidade de intercâmbio entre os mortos e os vivos é um exemplo eloquente dessa lamentável tendência, impedindo as religiões tradicionais de se beneficiarem do contato com os Espíritos desencarnados, que faz da Doutrina Espírita o Consolador prometido pelo Cristo e o grande instrumento de conforto e esclarecimento para os homens.

21

OPERAÇÃO DESPERTAMENTO

OLEGÁRIO, NOBRE MENTOR ESPIRITUAL, DESENVOLVIA, HÁ MUITO, ABENÇOADAS TAREFAS EM favor de seus irmãos encarnados.

Dentre eles, Flávio e Ernestina, velhos tutelados seus, que compunham um lar razoavelmente ajustado, em companhia de dois filhos adolescentes.

Preocupava-se com eles. Ambos, já perto dos quatro decênios de existência, permaneciam alheios às tarefas que lhes competiam desenvolver junto a crianças carentes, conforme compromissos assumidos no Plano Espiritual.

Religiosos de tradição, prendiam-se muito mais às fantasias da Terra, desligados das inspirações do Céu. Simplesmente flutuavam ao sabor das futilidades humanas, envolvidos com lazeres e prazeres, sem nenhum interesse em adquirir lastros de virtude e sabedoria.

Não eram inconsequentes. Cumpriam seus deveres profissionais e familiares, mas perdiam precioso tempo em relação aos objetivos de aprendizado e renovação da jornada terrestre, estagiando voluntariamente na aridez das convenções mundanas.

Fazia-se imperioso ajudá-los de forma mais efetiva. Olegário estudou demoradamente o assunto e planejou a "Operação Despertamento", contando com a autorização e o apoio de seus superiores na organização espiritual onde servia.

Passados alguns meses, Ernestina dava à luz um filho, após inesperada gravidez que driblara os anticoncepcionais, que usava com rigorosa disciplina, desde que ela e o marido decidiram evitar que mais filhos perturbassem sua festiva programação existencial.

O aborrecimento pela frustração de seus propósitos não ultrapassou os limites da gestação, porquanto, tão logo nasceu, o menino tornou-se centro das atenções e alegrias da casa. Fazia por merecê-lo, bebê lindo, forte, calmo, sorridente — um santinho!

Nos anos que se seguiram, Lucas revelou-se um garoto especial. Difícil definir o que o distinguia mais: se a precocidade, incrivelmente ativo e inteligente, ou o carinho envolvente que dispensava aos familiares; alegre, comunicativo, humilde, obediente — um anjo do Céu a iluminar a escuridão da Terra!

Flávio e Ernestina já não se empolgavam com os programas vazios a que estavam habituados. Havia um bem mais atraente: "curtir" o filho, acompanhando seus passos seguros nos ensaios de vida. Anotavam, orgulhosos, seus progressos nas primeiras letras; contagiavam-se com sua exuberante vivacidade; edificavam-se com sua vocação para a fraternidade, sensível aos sofrimentos alheios, nunca permitindo que necessitado algum batesse à porta sem algo receber.

Foram tempos inesquecíveis, de plena ventura, até que se deu a tragédia. Lucas adoeceu subitamente, febre alta, fortes dores de cabeça, manchas escuras pelo corpo... O socorro médico foi providenciado rapidamente! Internação urgente, exames variados e... o diagnóstico terrível: meningite meningocócica do tipo B, a mais grave! Em poucas horas, o menino faleceu!...

Angústia, perplexidade, desespero, inconformação, revolta, estabeleceram sequência naqueles corações despreparados para as grandes dores. Depois, o desencanto, a tristeza insuperável!...

Nada os animava. Flávio e Ernestina comportavam-se como sonâmbulos: falavam, alimentavam-se, trabalhavam, mas incapazes de retornar à normalidade, vinculados ao passado, como se vivessem interminável pesadelo.

Os dias seguiram seu curso. Sucederam-se os meses e o tempo repetiu o eterno milagre, recompondo neles a vontade de viver. No entanto, nunca mais seriam os mesmos. Haviam perdido as ilusões! Festas, bailes, viagens, passeios, jogos, vida social — tudo o que os motivava tanto perdera inteiramente o sabor.

Manifestou-se neles uma insuspeitada vocação religiosa e, como ocorre com frequência em situações semelhantes, encontraram consolo na Doutrina Espírita, emocionando-se com as informações sobre a vida no Além e a perpetuidade das ligações afetivas.

Uma nova alegria felicitou aquelas almas combalidas quando começaram a participar de serviços assistenciais, devotando-se particularmente a crianças carentes. Parecia-lhes, então, que Lucas estava junto deles.

Não se equivocavam. Olegário prestava-lhes carinhosa assistência, rejubilando-se com o sucesso da "Operação Despertamento", que o levara a breve mergulho na carne, com a missão de arrebatar seus tutelados do perigoso sorvedouro dos enganos humanos.

* * *

Aqueles que se debruçam sobre o esquife de uma criança, junto da qual sepultam suas alegrias e esperanças, precisam saber que nada acontece por acaso.

Há razões ponderáveis a determinar que Espíritos retornem à Espiritualidade mais cedo, nos verdes anos da infância, envolvendo provações e resgates. E o fazem, também, como parte de um processo de iniciação dos pais em programas de despertamento, com vestibulares de sofrimento e saudade, como se Deus houvesse instituído a morte de crianças para ensinar os adultos a viver.

22

SEGUNDO A VONTADE DE DEUS

Geraldo sofrera enfarte devastador. O coração, irremediavelmente comprometido, funcionava precariamente, sobrecarregando os demais órgãos vitais.

Após estagiar algumas semanas no hospital, os médicos atenderam seu insistente apelo, permitindo que retornasse ao aconchego do lar. Que morresse em paz junto à família, porquanto não restava nada a fazer. O problema era irreversível. O desenlace ocorreria a qualquer momento.

Geraldo pensava diferente. Quase agonizante, apegava-se irracionalmente à existência física, incapaz de perceber a gravidade de seu estado e sua condição terminal. Tinha medo. Recusava aceitar a proximidade da grande transição. Afinal, tinha apenas cinquenta anos, com muito tempo pela frente!...

Por outro lado, os membros do agrupamento doméstico, particularmente Genolina, sua mãe, e a esposa Rute, contrapunham a fé ao sombrio prognóstico médico e se revezavam em longas vigílias junto ao doente, a repetir intermináveis orações em favor de sonhada recuperação.

Não obstante os esforços da heroica brigada da Vida, a Morte rondava, ameaçadora. Geraldo definhava inexoravelmente.

Parecia milagre o coração destrambelhado a sustentar a circulação sanguínea. Esperava-se exatamente isso: um milagre!

Rute recordou-se de Márcio, um vizinho espírita conhecido como eficiente médium de curas. Os passes magnéticos que aplicava operavam prodígios! Imediatamente, a aflita esposa providenciou para que o chamassem. O dedicado servidor do Bem atendeu prontamente. Foi recebido com renovadas esperanças. Genolina interpretou o sentimento geral:

— Agradecemos a Deus por sua presença. Confiamos em seus poderes espirituais. Temos certeza de que Geraldo será beneficiado!...

O visitante observou atentamente o doente, percebendo sua precária situação física. Benfeitores espirituais que o assistiam em suas tarefas transmitiram-lhe orientação precisa pelos canais da intuição. Voltando-se para a anciã que esperava, ansiosa, respondeu, humilde:

— Tenhamos confiança em Deus. Tudo será feito segundo a Sua Vontade. Peço agora que me deixem a sós com o paciente por alguns minutos...

Esvaziou-se o quarto. A porta foi fechada. Márcio orou, contrito, exorando a proteção do Céu. Amparado por médicos do Além, efetuou a transfusão magnética, após o que falou ao moribundo:

— Geraldo, meu irmão, você está no final da jornada humana. Espíritos amigos aguardam, há dias, que supere suas vacilações para um desencarne tranquilo. Considere sua posição de espírito imortal de retorno à pátria comum, onde somos mais livres, mais conscientes, mais felizes, sem as limitações da matéria. Ore muito e confie em Jesus, lembrando o salmista: "O Senhor é o meu Pastor, nada me faltará. Deitar-me faz em verdes pastos, guia-me mansamente a águas muito tranquilas, refrigera minh'alma, guia-me nas veredas da justiça por amor do Seu nome. Ainda que eu andasse pelo vale das sombras da morte, não temeria mal algum, porque Tu estás comigo..."

O cérebro físico em colapso não fixa ao nível da consciência humana a exortação, mas o Espírito vacilante e assustado, saído do torpor e revigorado pelo passe, ouve o apelo e se encoraja...

— Então, o que achou? Vai sarar? — pergunta, esperançosa, Rute, tão logo Márcio deixa o quarto.

— Nosso Geraldo está muito bem amparado — responde, humilde, o médium. — Quanto à sua recuperação é assunto de Deus. Insisto que confiemos no Senhor.

Assumindo postura determinante, completa: agora, é preciso suspender a vigília. Quero que todos durmam em paz, particularmente nossas irmãs, que estão exaustas. O enfermeiro ficará de plantão.

Márcio despede-se das duas mulheres que, aliviadas, dispõem-se ao repouso.

Nessa mesma noite, amparado pela Espiritualidade, Geraldo desencarnou, *segundo a vontade de Deus.*

* * *

Agonias e sofrimentos exacerbados no momento da morte decorrem particularmente do apego do desencarnante à vida física, somado à inconformação de familiares que se recusam a admitir a separação.

Quando há confiança em Deus, fica mais fácil, porquanto os desígnios do Senhor são sábios e justos, mesmo quando contrariam nossos desejos.

23

OS "CINCO MINUTOS"

Desde os primeiros contatos com a Doutrina Espírita, Lenita compreendeu o vigoroso apelo ao esforço do Bem, contido nos princípios codificados por Allan Kardec, e, decidida, "arregaçou as mangas", disposta a servir.

Diligente mãe de família, com cinco filhos que lhe reclamavam atenção, ainda assim, com o apoio do marido, encontrava tempo para labores diversos, vinculados ao Centro que frequentava: confeccionava roupinhas para crianças pobres, visitava doentes, distribuía mantimentos, participava de reuniões doutrinárias, exercitava a vidência mediúnica.

Isso tudo apesar do incômodo problema de saúde que a afligia: uma gastrite crônica com assíduos ardores no estômago e insuperável tendência para regurgitamentos. O tratamento médico e os passes magnéticos aliviavam os sintomas, mas o mal era de uma perseverança irritante, impondo-lhe intermináveis queimações e vômitos.

Às vezes aborrecia-se, justificando que "ninguém é de ferro", e deitava falação, reclamando dos "guias", que não a amparavam com a eficiência desejada. Certa feita foi mais longe e caiu nos "cinco minutos", expressão popular que define o comportamento das pessoas quando, perdendo o controle, falam e fazem o que não devem. Regressara ao lar, após habitual visita a enfermos. Dia quente, Sol abrasador de verão. Sedenta, buscou água fresca, sorvendo-a com sofreguidão, ávida do prazer refrescante. No entanto, experimentou sensação bem diferente: como se ingerisse ácido puro, dor lancinante invadiu suas entranhas, enquanto a água refluía da boca em espasmos doloridos, tisnada de sangue, como ocorria nas crises mais severas. Desesperada, Lenita clamou:

Não aguento mais! Se tivesse um copo de veneno tomava agora mesmo para acabar com meu sofrimento!

Arrependeu-se de imediato, ouvindo a serviçal doméstica que lhe dizia, aflita:

Pelo amor de Deus, dona Lenita! Não fale assim!... Cuidado com a tentação!...

A piedosa senhora sentiu-se arrasada. Como espírita, tinha plena consciência de que nada ocorre por acaso. Havia uma razão para seus males. Não obstante, passou o resto da tarde amuada, com dores no corpo e mágoas na Alma, reclamando socorro do Céu.

À noite, na reunião de ajuda espiritual que frequentava, viveu inesquecível experiência. Dava-se à oração quando viu uma mulher que parecia sair de dentro de si mesma, como um duplo etérico, a exibir expressão atormentada. Alisava incessantemente os cabelos, cacoete idêntico ao que cultivava quando sob tensão. Em lance dramático, a fantasmagórica personagem misturou água e soda cáustica num copo. Ato contínuo, sorveu o terrível corrosivo.

Como se ela própria o tivesse feito, Lenita sentiu insuportável queimação no trato digestivo, deixando escapar irreprimíveis gemidos que emolduraram de dor sofrido apelo:

Meu Deus! Meu Deus! Ajuda-me, Senhor, por misericórdia!...

Percebeu, então, junto de si, um médico desencarnado que, após aplicar-lhe medicação fluídica balsamizante, explicou:

Lenita, com a autorização de nossos superiores, mostramos algo de seu passado, a fim de que impulsos de autoaniquilamento não mais encontrem receptividade em seu coração. Foi exatamente assim que você se suicidou na existência passada. Num momento de insensatez, premida por situação difícil, gerou os sofrimentos que a afligem. Cuidado! O desespero é péssimo conselheiro. Sugere sempre a fuga, complicando o futuro. Não ponha a perder a preciosa semeadura de bênçãos que vem desenvolvendo em seus labores espíritas. Suas dores estão bem dosadas. A cruz que carrega tem o peso certo, compatível com a resistência de seus ombros. Use a almofada da humildade e bem suave lhe parecerá o contato com o madeiro redentor.

Desde então, Lenita não mais permitiu que os "cinco minutos" desestabilizassem seu mundo interior, suportando estoicamente as crises gástricas. E percebia, gratificada, que se tornavam menos frequentes e dolorosas na medida em que se habituava a usar o anteparo sugerido pelo benfeitor espiritual.

O apóstolo Paulo proclamava trazer um "espinho na carne". Discreto, nunca revelou a natureza de seu problema.

Oportuno destacar que se lhe houvesse emprestado demasiada importância, detendo-se na angústia e na inconformação, jamais teria conquistado a gloriosa condição de arauto incomparável do Evangelho.

Todos temos o "espinho na carne", de conformidade com as dívidas do passado e necessidades do presente. Se superestimarmos as limitações e sofrimentos que nos impõe em nosso próprio benefício, fatalmente resvalaremos para estados de rebeldia e depressão, nas proximidades dos perigosos "cinco minutos".

E poderá ocorrer que, tentados a fugir da Vida para escapar ao espinho, apenas estaremos avançando em direção a tormentosos espinheiros.

24

PEDINDO TEMPO

1965

PEDRO, MEU CARO AMIGO, CONTAMOS COM SEU CONCURSO NO CENTRO! VOCÊ TEM INICIATIVA, capacidade de organização... Será muito útil!

Tudo bem, Ferreira, sinto que devo oferecer algo além de esporádica colaboração. Conheço o valor do serviço metódico e disciplinado. E não farei favor algum! Devo muito ao Espiritismo, este sol maravilhoso que ilumina meus caminhos... Entretanto, no presente é impossível. Tenho muitos encargos familiares e profissionais. Dê um tempo!...

1970

Então, Pedro, já tem condições? Esperamos por você...

Não está fácil, Ferreira. Nem queira saber a correria em que vivo! Vamos estabelecer o seguinte: dentro de poucos meses, estarei aposentado e poderei começar o serviço que "rende para a vida eterna", como dizem nossos amigos espirituais. Dê um tempo!...

1975

Fiquei feliz em saber de sua aposentadoria, Pedro. Pensei que não aconteceria nunca! Espero por você amanhã...

— De fato, demorou "um pouco", Ferreira. Procurei melhorar o benefício a receber. Com trinta e oito anos de contribuição e mais um pecúlio formado está garantido o "pão nosso". Quanto às tarefas no Centro, fique tranquilo. Irei em breve, tão logo termine a construção de minha nova casa. Assumi a administração e estarei muito ocupado por alguns meses. Dê um tempo!...

1980

Parabéns, Pedro! Você converteu-se num próspero empreiteiro nos últimos anos. Certamente ganhou muito dinheiro... Lamento que venha esquecendo as construções espirituais. Cuidado, meu amigo! A vida passa breve! Não vá ficar sem teto na espiritualidade!...

Concordo plenamente, Ferreira. Às vezes me pergunto se não estou agindo errado... É que não consigo me desligar dos negócios... A vida não está fácil. Com a inflação em que vivemos, ninguém pode acomodar-se... Dê um tempo!...

1985

Ferreira, meu irmão, finalmente consigo falar-lhe. Tenho suficiente conhecimento para compreender que já morri e que converso com você numa reunião mediúnica, servindo-me de um médium. Há meses vagueio por regiões escuras, sentindo-me solitário e atormentado! Por misericórdia, ajude-me!

Calma, Pedro. A Bondade Divina não desampara ninguém. No entanto, a experiência demonstra que é impossível livrá-lo de imediato dos fantasmas gerados pelo seu comprometimento com os interesses da Terra. Considere, ainda, que o conhecimento espírita não é apenas bênção de consolo e esperança. É, sobretudo, compromisso sério relacionado com a fraternidade. Seu problema maior é que você sabia disso e, não obstante, optou pelo acomodamento, preso às ilusões do plano físico. Deverá, por isso, segundo nossos mentores, estagiar mais um pouco onde se encontra, avaliando devidamente sua omissão e sedimentando noções de responsabilidade para existências futuras. Por enquanto, meu amigo, ore bastante, reflita e... dê um tempo!...

* * *

O Espiritismo é, essencialmente, uma convocação divina em favor da reformulação de nossa existência, tendo por base fundamental o serviço ao semelhante.

O problema é que muitos adiam indefinidamente essa gloriosa realização, pretextando problemas que se renovam, compromissos que se avolumam, esperando por disponibilidades que não chegam nunca.

Assim, malbaratam abençoadas oportunidades de serviço e constatam um dia, em sofrido desengano, que apenas perderam tempo.

25

A MARATONA MEDIÚNICA

JOAQUIM ESTAVA EM VISITA A FAMILIARES QUE RESIDIAM EM CIDADE DO INTERIOR FLUMINENSE. Espírita estudioso e idealista, apreciava travar contato com os confrades. Assim, tendo uma sobrinha por cicerone, foi visitar um centro localizado em bairro distante.

Saíram por volta das dezenove horas. Caminhada longa. Sessenta minutos. Quando chegaram, a reunião estava no início. Aproximadamente quarenta pessoas num salão de regulares proporções. O dirigente limitou-se a lacônica oração. Em seguida convidou:

— Vamos passar à parte espiritual de nossos trabalhos. Os irmãos que desejarem exercitar a mediunidade queiram, por favor, aproximar-se.

Joaquim estranhou a ausência de estudo antes do intercâmbio com o Além, bem como a oferta indiscriminada. E se todos se julgassem aptos a participar?

Faltou pouco para isso. Pelo menos dois terços dos presentes tomaram assento junto à mesa enorme que dominava o ambiente.

— Meu Deus! — monologou o visitante por dentro. — Nem Kardec reuniu tantos médiuns num grupo tão pequeno! Se todos "funcionarem", a noite será curta.

Não deu outra. Tão desejosos de falar quanto os médiuns em transmitir, os Espíritos não permitiam trégua. Certamente constituíam multidão, a atropelar a disciplina, promovendo manifestações simultâneas sem nenhuma originalidade. Gemiam, choravam, confessavam, tanto quanto orientavam e aconselhavam, numa algaravia, uma confusão de vozes que pouco proveito oferecia.

Contavam com a omissão do dirigente, que raramente intervinha, e a passividade da assistência que parecia ver naquela miscelânea a exorcização de seus males. Somente assim se justificaria que permanecesse horas a fio acompanhando a rotina enfadonha de entidades que repetiam as mesmas banalidades e choravam as mesmas angústias.

Joaquim estava decepcionado. Aquelas manitestações eram numerosas demais, vazias demais, semelhantes demais, repetitivas demais, ressumbrando vicioso animismo. Sua presença ali pareceu-lhe pura perda de tempo. Aliás, tempo também demais. Já passava das vinte e três horas. Sua sobrinha dormia recostada em seu ombro. Havia a longa caminhada de volta. Sair antes do encerramento pareceu-lhe indelicado. Então, resoluto, começou a orar mentalmente, pedindo o encerramento da reunião.

Aliviado, observou que, em breves momentos, cessaram as manifestações.

O dirigente ainda esperou alguns minutos. Vendo que nada mais acontecia, pronunciou a prece de agradecimento, dando por encerrados os trabalhos da noite. Em seguida, aproximou-se de Joaquim e lhe perguntou, incisivo, sem preâmbulos:

— O que fez?

— Eu?

— Só pode ter sido o senhor! É o único estranho!...

— Não estou compreendendo...

— A reunião! Terminou muito cedo!

— No meu entendimento prolongou-se bastante.

— Como conseguiu?

— Bem, não sei se tenho a ver com isso. Apenas solicitei providências aos amigos espirituais. É tarde e tenho uma longa caminhada pela frente.

— Mora aqui?

— Fique tranquilo. Sou do Rio. Regressarei amanhã.

— Não estou preocupado nem aborrecido. Ao contrário, gostei de sua atuação. Se morasse em nossa cidade, poderia dirigir esta reunião. Certamente, conseguiria abreviar nossa maratona.

— Maratona?

— Mediúnica. É o grande problema que enfrentamos. Não conseguimos entrar em acordo com os Espíritos. Nossos trabalhos estendem-se madrugada adentro. Não raro passamos a noite aqui. Iniciamos às vinte horas, mas só Deus sabe quando terminamos!

* * *

Em qualquer atividade, se pretendemos ser eficientes e produtivos, não podemos olvidar a disciplina, o estudo e o discernimento.

O exercício mediúnico parece situar-se como exceção para desavisados companheiros, que desenvolvem o intercâmbio com o Além sem nenhuma noção a respeito do assunto.

Daí existirem agrupamentos mediúnicos onde os mentores espirituais não encontram acesso para um trabalho produtivo e edificante, com manitestações que se multiplicam muito além do razoável e aproveitamento muito aquém do desejável.

26

PÍLULAS

Vinham de várias fontes, impressas em retalhos de papel, veiculando temas espíritas. Eram as famosas "mensagens".

Heloísa costumava oferecê-las aos doentes de um leprosário que visitava mensalmente.

Guardava, porém, suas dúvidas. Haveria proveito real nesse trabalho? Alguma repercussão naqueles infelizes, segregados da sociedade?

Pensava nisso particularmente quando as oferecia a um doente relativamente jovem, mas já marcado dolorosamente pela hanseníase: nariz deformado, dedos atrofiados e extensas lesões na pele.

Não era de conversar. Pouco sabia dele, além do fato de estar praticamente abandonado pela família, o que não era novidade. Costumava acontecer com grande parte das vítimas do terrível mal.

Distinguia-o o uso permanente de um chapéu de feltro, com abas largas curiosamente dobradas para baixo, como se tentasse esconder parte de sua ruína física. Habituou-se a identificá-lo como o "moço do chapéu".

Ele recebia as mensagens e, invariavelmente, colocava-as no bolso do pijama, limitando-se a dizer:

Obrigado. Lerei depois...

"Lerá mesmo?" — perguntava-se a visitante. Acreditava que não, mas continuava a lhe entregar as papeletas, repetindo-se o gesto e a promessa:

Lerei depois...

Passou o tempo. Heloísa, chamada a outros afazeres, deixou de ir ao hospital. Perdeu o contato com o "moço do chapéu".

No desdobrar dos anos continuou envolvida na distribuição de mensagens, em outros setores, mas sempre com suas dúvidas.

Certa feita participava de uma reunião espírita quando, pela vidência mediúnica, apresentou-se um espírito de aparência jovem e sorridente, que lhe perguntou:

Lembra-se de mim?

Não lhe era estranho. Conhecia-o, sim, mas de onde?

O visitante pôs um estranho chapéu, de abas largas dobradas para baixo...

Ah! O "moço do chapéu"!...

Sem hanseníase e sem tristezas! Limpo e feliz! Agradeço a Deus pela oportunidade de meu resgate e à senhora pelas mensagens. Eu as lia constantemente. Foram abençoadas pílulas de estímulo e consolo. Aprendi muito com elas!

Desde então, Heloísa deixou de questionar a validade daquele trabalho, desenvolvendo-o com redobrada disposição.

* * *

Distribuídas a mão cheia por abnegados divulgadores, com trânsito livre nos corações sofredores, as mensagens espíritas oferecem inestimáveis benefícios.

Com a eficiência dos medicamentos homeopáticos, estas "pílulas de sabedoria" desenvolvem nos leitores potencialidades inimagináveis de bom ânimo e renovação

27

O SUSTO

O MARIDO DORMIA, TRANQUILO, NO QUARTO. NA SALA, ZÉLIA, INSONE, DIVAGAVA... NO CORAÇÃO, uma saudade imensa; no cérebro, uma lembrança indelével: a irmã, que falecera há exatamente um ano.

Duquinha fora uma personalidade marcante, inesquecível. Bonachona, sorridente, conservava sinal aberto no trânsito da comunicação. Adorava conversar, cultivar amizades. A seu lado não havia espaço para mágoas.

— Tristeza — dizia — é lâmpada desligada no coração. A gente fica sem luz e calor. Tudo escuro e frio!...

Enfrentava problemas, como toda gente, mas, virtude rara, sabia rir das próprias mágoas, cerrando a porta aos sentimentos negativos e desajustantes.

Se fofocavam, sugerindo que o esposo parecia não levar a sério a fidelidade conjugal, explicava:

— Pois é, comadre — assim chamava Zélia desde que fora madrinha de casamento de seu filho —, o Olinto tem tanto amor por mim que transborda, derramando-se em outras "searas"...

Se surgiam dificuldades financeiras:

— Comadre, descobri um regime infalível. Desta vez, afino a cintura: jejuo três vezes por semana!

Se os filhos perturbavam:

— Comadre, as crianças me santificam. Treino paciência o dia inteiro!

Nem mesmo quando acometida de progressiva insuficiência cardíaca, que provocou seu falecimento, deu-se por vencida:

— Comadre, estou em tratamento de beleza espiritual. O corpo está um trapo, mas a alma ficará "joia"!

— Ah! Duquinha! — suspirou Zélia. — Adoraria vê-la agora. Deve estar uma "miss", merecidamente. Pouca gente valorizou tanto a existência e enfrentou tão estoicamente o sofrimento.

Despertando de suas divagações, percebeu, em sobressalto, um vulto que se aproximava, vindo da cozinha.

— Meu Deus, um ladrão!

Pensou em chamar o marido. Conteve-se. Certamente o intruso estava armado. Poderia reagir com violência...

Esforçando-se inutilmente por conservar a calma, fitou-o, aguardando o tradicional "é um assalto", mas o que viu fez gelar o sangue em suas veias: ele parecia deslizar acima do chão!

Os cabelos eriçaram-se. Seu coração queria pular do peito! Não se tratava de um ladrão! Muito pior: era... um FANTASMA!...

— Não se assuste, comadre. Sou eu, a Duquinha, em carne e osso, ou melhor, em fluido. Vivinha! E olhe como estou linda!

Zélia não estava para conversa. Apavorada, desejava gritar por socorro, a plenos pulmões, fugir em desabalada carreira... No entanto, sentia-se petrificada, a suplicar por dentro:

— Valei-me Jesus! Meu anjo de guarda, protegei-me! Socorrei-me, Virgem Maria!...

— Não seja boba, comadre! Não gosta mais de mim, só porque estou vestida de fumaça?!

Prestes a desmaiar, afogando-se no próprio medo, Zélia implorou em pensamento:

— Eu a amo muito, Duquinha. Adoro você! Mas, pelo amor de Deus, comadre, vá embora. Só apareça em sonho! Morro de pavor!

Diante de seus olhos esbugalhados, a aparição diluiu-se na penumbra, sorrindo sempre. Em breves momentos, extenuada e trêmula, Zélia viu-se novamente sozinha na sala.

* * *

O Amor é a ponte sublime que liga a Terra e o Céu.

Nossos amados nos visitam frequentemente, velam por nós, preocupam-se com nosso bem estar.

No entanto, há muitas barreiras dificultando um contato mais estreito. Uma delas é a ignorância, que nos induz a associar a presença dos Espíritos a supostos horrores sobrenaturais.

A Doutrina Espírita desenvolve abençoado trabalho de esclarecimento nesse sentido, habilitando-nos a contatos mais proveitosos com a Espiritualidade, sem a barreira do medo.

28

SALÁRIO DA ALEGRIA

ROSÁLIA DEIXOU O HOSPITAL TRÊS DIAS APÓS O PARTO, TRAZENDO UM TESOURO — O FILHO TIAGO — e uma enorme frustração: a impossibibilidade de amamentá-lo.

Inteligente e esclarecida, conhecia a importância do aleitamento em favor do desenvolvimento infantil. Queria o menino resistente e saudável, sustentado por nutrientes adequados, em perfeito balanceamento, como só o leite materno pode oferecer.

Mais que isso, concebia o ato de amamentar como sublime exercício de doação, algo de seu próprio ser a sustentar uma vida iniciante.

Apesar de seus esforços, não conseguiu fazê-lo. Tiago tivera dificuldade para se adaptar. Logo em seguida, os seios incharam muito, as mamas ficaram inflamadas. Para não deixar o recém-nascido à míngua, deram-lhe a mamadeira.

Ainda assim, Rosália alimentava esperanças. Espírita fervorosa, orou, emocionada, rogando a Jesus e aos bons Espíritos que a ajudassem. Como sempre ocorre quando o coração participa de nossos apelos, o Céu enviou alguém.

Simpática jovem a procurou. Após cumprimentá-la, apresentou-se:

— Meu nome é Tina. Sou enfermeira; soube que você está com dificuldade para amamentar. Vim ajudá-la. Há anos oriento mães a esse respeito. Podemos começar agora mesmo.

— Bem, não sei... Preciso consultar meu marido.

— Não se preocupe. Não custará dinheiro algum. O que vou lhe cobrar exigirá apenas um pouco de boa vontade de sua parte.

— Como pagarei?

— Direi depois. Primeiro o serviço.

— Tem certeza de que dará certo? No hospital, desiludiram-me...

— É a lei do menor esforço. Não obstante as campanhas que realizam sobre os benefícios da amamentação, poucos se conscientizam disso. Muitas de minhas colegas acham mais prático usar a mamadeira. Os médicos, por sua vez, com poucas exceções, preferem considerar que se trata de mera opção da parturiente, sem se deterem no assunto.

— Mas Tiago não pega o seio e as mamas estão doloridas.

— Cuidaremos disso. Anime-se! Garanto-lhe que conseguiremos!

— Deus a ouça!...

Vacilante a princípio, depois francamente empolgada, Rosália recebeu as instruções de Tina, que a assistiu durante três dias, mostrando-lhe como superar a inflamação e preparar as mamas. Pacientemente favoreceu a adaptação entre o recém-nascido e sua mãe no processo de aleitamento. Em breve o menino sugava com vigor o seio materno, colhendo o precioso alimento que descia fácil. Rosália exultava.

— Não imagina como estou feliz. Não sei como lhe agradecer. Na verdade, vou saber agora. Você disse que haveria um pagamento. Estou pronta. Qual é?

— Meu salário, Rosália, é o da alegria. Nada se compara à satisfação de ajudar alguém. Isso me faz muito feliz!...

Fitando-a agora com expressão séria, Tina continua:

— Mas é justo que pague pelo benefício recebido. Aqui está a conta...

Rosália recebeu um papel onde estava escrito:

"Assumir o compromisso de passar a outras gestantes as técnicas simples e práticas que lhe foram ensinadas."

A enfermeira sorria agora.

— Está bem assim?

— Claro! Quem não se habilitaria a serviço que oferece tal recompensa! Conte comigo! Quero acumular muitos salários de alegria, para um tesouro de felicidade!...

— A experiência de Rosália sugere uma "Corrente da Felicidade" diferente dessas que pululam por aí, envolvendo quiméricas vantagens pecuniárias.

Uma única exigência:

Que seus participantes se disponham a beneficiar quem estiver em situação difícil, no lar, no templo religioso, na atividade profissional, na vida social, utilizando-se de seus conhecimentos.

Uma única cobrança:

Que os beneficiários repassem a ajuda recebida a outras pessoas necessitadas, com as possibilidades que lhes são próprias, cultivando o recurso fundamental, ao alcance de todos: boa vontade.

Expandindo-se sempre, esta "Corrente da Felicidade" apressaria a instalação do Reino de Deus na Terra, cuja pedra fundamental foi lançada por Jesus, quando ensinou, no capítulo sétimo das anotações de Mateus:

"Tudo o que quiserdes que os homens vos façam, fazei-o assim também a eles."

29

TEATRINHO

ATO I — No hospital

— Doutor, pelo amor de Deus! Não deixe meu marido morrer! Temos três filhos! Será impossível viver sem ele!

— Sinto muito, dona Carla. Fizemos o possível. Lúcio não resistiu aos ferimentos sofridos no acidente. Acaba de falecer...

ATO II — Em casa

— Vamos, mamãe, é preciso reagir! Papai faleceu há três meses e a senhora continua prostrada, sem ânimo. Até parece que foi acidentada também! A vida continua! Precisamos da senhora!...

— Sei disso, minha filha. Deus sabe como tenho me esforçado por retornar à normalidade! Não consigo! Sinto-me muito mal, angustiada, pensamento turvo, corpo dolorido...

ATO III — No consultório médico

— Dona Carla, como já lhe expliquei várias vezes, a senhora está bem fisicamente. Seus males não são reais. O trauma com a morte do esposo está repercutindo em seu psiquismo, levando-a a experimentar esses problemas todos.

— Mas doutor, minhas dores não me parecem meras impressões subjetivas...

— São reflexos da tensão emocional. Procure descansar. Tente uma distração. Espaireça numa viagem...

ATO IV — No Centro Espírita

— Pelo que a senhora informa, parece tratar-se de um problema de influência espiritual. O trauma pela morte do marido debilitou-a, facilitando o envolvimento.

— E que devo fazer?

— Compareça às reuniões de tratamento espiritual. Esteja atenta às orientações dos expositores. Receba o passe magnético. Em casa, leia "O Evangelho Segundo o Espiritismo", ore e confie.

ATO V — Na reunião mediúnica

— Meus amigos, venho agradecer-lhes o carinho que me dispensaram há algumas semanas. Desde meu falecimento, em desastre automobilístico, sentia-me totalmente desequilibrado. Sem saber o que estava acontecendo, vi-me em meu lar, conversando com os familiares, a implorar ajuda. Ninguém me dava atenção. Em desespero, ignorando a condição de "morto", procurei Carla, minha esposa. Centralizei nela minhas súplicas, mas a pobre parecia igualmente destrambelhada. Sofri muito, até que me trouxeram aqui, onde recebi a bênção do esclarecimento. Agora estou bem. Entretanto, peço-lhes em favor de minha companheira. Por misericórdia! Ela precisa de ajuda! Está à beira de um esgotamento nervoso!

Acalme-se, meu amigo. Ela em breve ficará boa. Ligada a você pelos laços do coração, colhia algo dos desajustes que o atormentavam. Com seu despertar para as realidades além-túmulo, desaparecerão os males que a afligem.

ATO VI — No Centro Espírita

— Então, dona Carla, como está?

— Otimamente bem, graças a Deus! Que fizeram comigo? Que poder prodigioso foi mobilizado em meu benefício?

— De nós mesmos, nada fizemos. Usamos apenas um pouco de boa vontade, favorecendo a ação de nossos amigos espirituais. A senhora ajudou muito, dispondo-se a seguir as instruções recebidas.

* * *

A falta de preparo para a morte transforma muitos espíritos desencarnados em obsessores inconscientes dos próprios familiares.

O "poder prodigioso" usado no Centro Espírita nada mais é que simples exercício de caridade em grupos que se reúnem para dialogar com os "mortos", oferecendo-lhes abençoada oportunidade de esclarecimento, com o que eles despertam para as realidades espirituais. Assim, desfazem-se, sem maiores dificuldades, processos obsessivos dessa natureza, que exprimem angustiantes pedidos de socorro de viajantes desprevenidos embarcados para o Além.

30

SETE NOITES POR SEMANA

— Pai Amâncio, venho pedir-lhe ajuda para meu filho. Tem uma lesão no olho esquerdo. Os médicos afirmam que poderá perder a visão. Estou muito aflita! Rick mal chegou aos vinte anos!...

Justificava-se a preocupação de Adelina. O mal era grave. O outro olho também corria risco.

— Acalme-se, minha filha. Vamos tratar dele espiritualmente. Não receitaremos nenhum medicamento. Apenas passes, uma vez por semana. Mas o menino deverá assumir um compromisso...

— O que o senhor mandar, pai. Nenhum sacrifício será demais para lhe salvar a visão.

— Quero que compareça a todas as reuniões deste Centro, o que equivale dizer que ele virá sete noites por semana, com disposição para ouvir atentamente os expositores.

Adelina regressou exultante ao lar. Conhecia a força daquele bondoso espírito de preto velho. Já considerava o filho curado. Não atentou, porém, à dificuldade que se evidenciou ao lhe transmitir a recomendação.

— Diariamente? Até aos domingos?!

— Sim, meu querido.

— Mas, mamãe, a senhora sabe que nunca frequentei o Centro, embora goste de ler sobre Espiritismo. Assistir às reuniões sete noites por semana é impensável!...

— Concordo que não é uma ideia muito atraente para você. No entanto, é essa a orientação de Pai Amâncio...

— Nem parece "pai"... Isto é coisa de "padrasto"!

— Tudo bem, filho. O olho é seu...

Embora a ideia não o agradasse, Rick não tardou em concordar. Em favor de nossa iniciação espiritual, os problemas físicos são mais eloquentes que mil discursos.

Com a fidelidade do náufrago que se agarra a uma tábua de salvação, compareceu durante meses às sessões públicas, religiosamente sete noites por semana.

Em princípio, ia contrariado. Mas logo começou a se interessar pelas preleções. Gostou. Retirou livros na biblioteca. Aprofundou-se no estudo da Doutrina Espírita. E logo pediu serviço...

Adelina exultava. Na primeira oportunidade conversou com o guia:

— Pai Amâncio, quero agradecer-lhe. Sua orientação foi preciosa.

— O menino sarou do olho?

— Está bem melhor, mas isso é secundário. O importante é que ele abraçou o serviço no Centro com muito amor!...

— Eu sei, minha filha. Tenho acompanhado seus progressos. Saiba que ele tem compromisso com esta casa, assumido no plano espiritual, antes do renascimento.

— Entendo agora sua exigência que, em principio, causou-me estranheza. Nunca o vira proceder assim...

— É que se tratava de um caso especial. Nosso Rick estava maduro para a tarefa. Faltava apenas um estímulo. Eu sabia que daria certo.

— E o senhor acredita que permanecerá firme?

— Esperamos que sim, em seu próprio benefício. O Espiritismo está em seu sangue. Não se sentirá feliz de outra forma.

* * *

Todos assumimos determinados deveres ao reencarnar.

As próprias circunstâncias da vida terrestre nos induzem ao cumprimento daqueles relacionados com família, profissão, vida social.

Os mais difíceis dizem respeito aos ideais de espiritualidade, nos domínios da religião, porquanto estes dependem, essencialmente, de nossa disposição em cogitar deles. Por isso, não raro, somente despertamos para esse esforço com as clarinadas do sofrimento.

31

UM CASO DE OBSESSÃO

FARES, PRÓSPERO COMERCIANTE, AGUARDAVA COM ANSIEDADE O TÉRMINO DOS TRABALHOS mediúnicos em sala íntima, junto ao salão de reuniões públicas, no Centro Espírita. Tratava-se de receber orientação para um problema que o afligia. Algo aparentemente simples, até ridículo para quem o apreciasse, mas terrível para ele que o enfrentava: uma dificuldade no fechamento diário de sua próspera loja.

Dificuldade não era o termo exato. Diria melhor, batalha. Uma batalha contra o impulso de repetir intermináveis cuidados e verificações, relacionados com as instalações elétricas, o cofre, as janelas e a porta de entrada.

Esta última era o tormento maior. Parecia dotada de força gravitacional. Por maior fosse seu empenho em se retirar, era inexoravelmente atraído, levado a testar repetidamente se estava trancada. Pressionava para cima, como se fosse erguê-la, experimentando a resistência da fechadura central. Observava o cadeado embaixo, manualmente também, porque não confiava no testemunho de seus olhos.

Ensaiando resolução, virava as costas e dava alguns passos em retirada. Frustrava-se logo, porquanto a dúvida se instalava de imediato, trazendo-o de volta a novas verificações. Repetia aquele bailado irracional múltiplas vezes, disfarçando para que ninguém percebesse seu comportamento desatinado.

Quando finalmente convencido de que tudo estava bem, já próximo do estacionamento em travessa próxima, espoucava infame dúvida:

"Será que tranquei o cofre?"

Então danava-se, forçado a rever a operação fechamento, confrontando-se pela enésima vez com a malfadada porta, a esquentar os miolos com fumegante tensão.

Não raro, em noites insones, lembrava-se da danada. Não resistia. Levantava-se, tomava o automóvel e ia cumprir sua sina, imaginando que desculpa ofereceria ao vigia do quarteirão para não ser tomado à conta de doente mental.

Simpatizante da Doutrina Espírita, conhecia o suficiente para concluir que estava sob influência de cruel obsessor, interessado em atormentá-lo.

Por isso estava ali. Confiava na ajuda espiritual. O médium encarregado do receituário era conhecido por suas virtudes como instrumento dos Espíritos em favor de pessoas atribuladas. Certamente receberia, por seu intermédio, as instruções salvadoras.

Encerrada a reunião, ouviu chamarem por seu nome. Levantou-se e foi ao encontro do atendente, que lhe entregou a esperada orientação. Em letra firme e alongada estava registrado:

"Diagnóstico: Processo obsessivo.

Classificação: Auto-obsessão.

Origem: Apego aos bens materiais.

Tratamento: Passe e oração.

Frequência às sessões doutrinárias e de ajuda espiritual.

Medicação especial: Estudar a lição contida em Mateus, capítulo 6, versículos 19 e 21."

Fares estava perplexo. Já ouvira alguém se referir à auto-obsessão como um processo em que o indivíduo alimenta ideias infelizes que o perturbam, colhendo sofrimentos voluntários, desnecessários e inúteis, algo como morder a própria língua ou bater a cabeça na parede.

Chegando ao lar, buscou um exemplar de "O Novo testamento". No trecho recomendado, encontrou a "medicação especial":

"Não acumuleis para vós outros tesouros sobre a Terra, onde a traça e a ferrugem corroem e onde ladrões escavam e roubam. Mas, ajuntai para vós outros tesouros no Céu, onde nem a traça nem a ferrugem corroem e onde ladrões não escavam nem roubam. Porque, onde está o vosso tesouro, aí estará também o vosso coração."

Impressionado, Fares considerou que talvez fosse melhor empenhar o coração em favor de riquezas mais consistentes, conforme a recomendação de Jesus.

* * *

Quando nos envolvemos demasiadamente com problemas existenciais e tendências viciosas, nossa mente passa a funcionar em circuito fechado, gerando dúvidas e angústias que crescem rapidamente em nosso íntimo, como massa levedada.

Em tal situação, antes de cogitarmos da existência de supostos espíritos obsessores, melhor faríamos combatendo a auto-obsessão, no esforço por arejar nossa vida interior com ideias nobres e ideais santificantes.

32

SEMEADURA E COLHEITA

O TÁXI ESTACIONA EM RUA DESERTA, ALTAS HORAS DA NOITE.

O passageiro, simulando procurar dinheiro no bolso, toma de um revólver e, à queima-roupa, desfere vários tiros no peito do motorista, que *morre sufocado, pulmões em brasa, golfadas de sangue pela boca, abafando angustiantes gemidos de dor!...*

Em sua carteira, o assassino encontra irrisória quantia — a féria de um dia. Uma vida sacrificada por míseros vinténs. A vida de um chefe de família que permanecia doze horas no volante para sustentar a esposa e três filhos!...

O assaltante deixa o carro e desaparece na noite... As investigações policiais resultam infrutíferas. Ficam apenas o registro no Boletim de Ocorrências da Delegacia, as manchetes nos jornais e a desolação e penúria dos familiares.

Anos mais tarde, o criminoso, após existência de desatinos e viciações, é acometido por tosse persistente, que resiste a toda medicação.

Submete-se a exames e fica constatado que tem câncer no pulmão. O terrível mal desenvolve-se rapidamente. O paciente experimenta dores horríveis, insuperável falta de ar.

Após meses de sofrimento, *morre sufocado, pulmões em brasa, golfadas de sangue pela boca, abafando angustiantes gemidos de dor,* exatamente como sua vítima!...

A justiça humana é impotente para punir todos os criminosos. Mas a Justiça Divina é infalível, dando "a cada um segundo suas obras", como ensinava Jesus.

Todo mal que praticamos é semeadura voluntária de espinhos, com colheita obrigatória de sofrimento. E este virá na exata proporção dos prejuízos causados ao semelhante, se não nos dispusermos ao arrependimento e à reparação.

33

DIÁLOGO SOBRE A MORTE

– Mestre – pergunta o discípulo –, qual a maior certeza da vida?

– A morte. Ninguém fica para semente...

– Terrível pensar que um dia a Vida se extinguirá em nós!...

– A Vida é eterna. A Morte é apenas a outra face de uma mesma moeda.

– Deve ser muito triste partir...

– Considere a felicidade de regressar. Na Espiritualidade, não há as limitações físicas.

– Tenho medo.

– Naturalmente. Há o instinto de conservação e raros conseguem desapegar-se das situações humanas...

– Principalmente da família. Apavora-me a perspectiva de deixar os entes queridos...

A existência humana é apenas um momento na vida Eterna.

O grande problema é que os homens pretendem fazer desse momento uma eternidade, apegando-se às paixões e interesses do Mundo, distraídos das finalidades de aprendizado e renovação da jornada terrestre.

Por isso, desajustam-se diante da Morte.

34

ENDEREÇO CERTO

HÁ DOIS DIAS, LUCINHA CONSERVAVA SOB SUA GUARDA, PARA ADOÇÃO POR TERCEIROS, ENCANtadora menina recém-nascida. Três casais que ainda ignoravam sua existência aguardavam por aquela oportunidade, com a ansiedade de quem, após infrutíferos esforços no propósito de ter seus próprios filhos, decidiu acolher filhos alheios. Mas havia um problema: não se inclinava por nenhum deles.

Em qualquer daqueles lares, a criança estaria bem. Eram famílias bem constituídas, gente boa, excelente condição financeira, ambiente saudável... Por que, então, a dúvida? Impossível definir. Apenas *sentia* assim...

O tempo corria célere. Mister definir rápido ou teria problemas em sua própria casa, porquanto uma de suas filhas tomara-se de amores pela menina. Pensara em ficar com ela. Adoraria fazê-lo. Mais forte, entretanto, era o sentimento de que seu destino era diferente.

À noite, ao se deitar, alma em conflito, orou pedindo ajuda a Deus. Estava consciente da enorme responsabilidade que tinha em suas mãos. Queria acertar! Para tanto, empenhava-se em apurar a sensibilidade! Era preciso estender antenas espirituais, captar orientação segura!...

Brando sono pôs fim às suas angústias. Em sonho muito nítido, viu-se entregando a menina a Maitê, sua prima, que a recebia emocionada e feliz.

Despertou com a lembrança plena do inesperado contato, guardando a convicção de que o Céu atendera suas rogativas. Mas, por que a prima? Ela e o marido estavam ainda traumatizados com a morte de Pedrinho, o filho mais novo que falecera há alguns meses, vitimado por leucemia no verdor de seus cinco anos. Não cogitavam de uma adoção...

Bem, o jeito era verificar como estavam. Tomou o telefone e fez a ligação.

– Oi, Maitê, tudo bem?

– Muito bem, Lucinha! Bem mesmo, graças a Deus!

– Você está animada! Fico feliz!

– É verdade, estou animadíssima, como não me sentia há anos!

– Ganhou na Loteria?

– Vou ganhar, mas é algo mil vezes mais importante!...

– Quem bom! Posso saber?

– Claro, prima! Há várias noites, venho sonhando com o Pedrinho. Ele se aproxima de mim e me entrega um bebê, explicando: "Mamãe, trouxe-lhe uma irmãzinha para você cuidar".

Maitê estabelece pequena pausa, contendo a emoção, e conclui:

— Como sabe, Lucinha, não posso mais ter filhos, mas, em face dos sonhos, combinei com o João: vamos adotar uma menina. Daí a minha alegria. Sinto que vai "pintar" uma criança em minha vida!

Pausa mais longa interrompe o diálogo. — Oi, Lucinha, ainda está aí?

Uma voz trêmula, embargada pela emoção, responde do outro lado:

— Sim, Maitê, estou aqui e tenho uma surpresa para você: a criança já "pintou"! Sua filhinha está aqui comigo!

* * *

A adoção de filhos não obedece a circunstâncias fortuitas. Há uma ampla mobilização da Espiritualidade no sentido de encaminhar órfãos aos lares a que se destinam.

Ficaríamos surpresos se tivéssemos noção plena do trabalho desenvolvido pelos mentores espirituais nesse sentido. Quando encontram instrumentos dóceis na Terra, eles realizam prodígios para colocar filhos que precisam de pais no endereço certo de pais que precisam de filhos.

IDEEDITORA.COM.BR

*

Acesse e cadastre-se para receber
informações sobre nossos lançamentos.

twitter.com/ideeditora
facebook.com/ide.editora
editorial@ideeditora.com.br

ide